日本人

王敏编著

中国水利水电出版社

自　序
大巧若拙——聪明人用笨功夫

一

中国是一个手工艺大国，其鼎盛且不可超越的时代，是春秋战国。

那是一个充满竞争的时代，当然也是一个崇尚自由的时代。因为，如果没有自由，就不可能有充分的竞争；而如果没有充分的竞争，人的活力、雄心和创造力也就不可能被充分激发出来，真正的巨匠当然不可能产生。

那个时代，想想都让今人激动不已：学者要竞争，谋略家要竞争，商人要竞争，工匠要竞争，政客要竞争，军事家要竞争，就连王侯也要竞争，真的是"百家争鸣"。竞争的结果，最优秀的人才"脱颖而出"。

我所见过的最匪夷所思的工艺品，都产自那个时代，空前绝后。

那是产生鲁班的时代，那是称大匠为"哲匠"的时代，那是一个手艺人可以结社，建立"兼爱非攻"的和平主义理想学派"墨家"的时代。

那真的是一个匠人的时代，匠人精神弥漫于列国，允斥于各行各业。

二

汉字"匠"造得有意思。

"斤",是斧头,代指所有工具。

"匚",是一段木头,代指所有被加工的材料。

用斧头砍进木头,砍出一个有设计的形状,这个工作叫"匠",做这个工作的人叫"匠人"。因此,这是一个脑力劳动和体力劳动并重的工作。在这个行业里也有分工,有人偏重于设计的脑力劳动,用嘴指挥大家共同完成一项工程。这种手口并重的匠人就是"哲",手持斧头,且滔滔不绝。所以,哲人,最早也不过是能说会道的匠人,比如公输班,鲁国的大木匠、工程师、建筑家、设计家、桥梁学家、兵器学家。还有墨翟,也就是墨子,墨家学派的领袖,他不满足于只是设计宫殿,他还想设计天下,设计人们的思想观念。

"哲匠",多么美好的一个词。由此派生出"哲人""哲学""哲思""哲理"等高大上的名词,但不要忘记词源学所揭示的演化路径:由手到口。

三

"哲"字由手到口,其实中间走的是心。匠要动手,但必须走心。为了强化这一点,先人又在那个匠人时代创造了一个名词"意匠",

创造了一个词组"意匠经营"。

"意"字是"心音"二字的组合,默默地在心里说话,也就是思维,尚未说出口,就是"意"。"意匠"的意思,说白了,就是动手之前,动手之中,要动脑子。你不一定会成为"哲匠",用口去指挥大家;但你必须是一个"意匠",一个走心的手艺人,一个有想法、会设计的工匠,心手相应——想得出,也做得出,想得到,也做得到,而且,别出心裁。这就是"意匠":心在手先,心手相应,心灵手巧。

把"意匠"和"经营"组合到一起,说明这是一项复杂的劳动,除了有创意,有手艺,还要有设计,有谋划,有管理。事实上,手艺人,工匠,就是古代制造产业的从业人,他们经常是生产者和管理者的合一,光做"意匠",不善"经营",也成不了一代哲匠。

四

最耐人寻味的,是春秋战国时代,哲人对匠人的观察,以及观察之后的思考。

一部《庄子》,说了好多匠人的故事。

"解衣盘礴"是赞美那个在国王召集的御前创作会议上,敢于迟到、旁若无人、在别人舐笔和墨时竟然脱衣裸体的画家,不畏权贵、我行我素、自由自在、无所拘束的精神状态。

"庖丁解牛"是赞美对业务精熟到"不见全牛","不以目视而以神遇"的境界,在自己专业领域里"游刃有余"的能力。这种精纯娴熟的能力,不仅建立在对对象(牛)的结构与质地的深刻全面细致的了解上,也建立在对自己的工具(刃)熟练掌握到得心应手的程度上,还建立在庖丁自身极好的身体协调能力上,他能把"解牛"的过程弄得像一场优美的舞蹈,旁人享受,自己也娱乐,而且对自己的"表演"又自信又自豪。

"承蜩者"是赞美那种"凝于神"的高度专注,只有在这样的高度专注中,蜩—竿—臂—人,才能连为一体,除此之外的整个宇宙不复存在。

"运斤成风"的故事是探讨一种极致的心理状态,只有在这样的心理状态之下,才可能完成把利斧舞得虎虎生风,去斫下一个活人鼻尖上的一抹垩这样匪夷所思的行为。这种心理状态,其实就是排除一切干扰的能力,这样的话,运斤时心里空空荡荡,干干净净。

庄子说的这些故事,用今天的话表述,就是专业主义激情。

为了达到这种专业主义激情,他甚至说要"绝圣弃智",要"呆若木鸡"。

在斗鸡中最后胜出的,是那只呆呆的、木头一样的鸡。因为,只有它,完全达到了庄子要求的保有专业主义激情的状态。

五

呆若木鸡的状态，另一位哲人老子把它说成是"大巧若拙""大智若愚"。

孔门三千弟子，最聪明、智商最高、可能比孔子还有智慧的人，是颜回。但颜回"终日不违如愚"，每天对老师的言行不质疑、不反对，像个呆子一样。其实，他呆呆的时候，已经在心里举一反三，闻一知十，自己给自己正反合过好几轮了。

李可染说，他的老师白石老人画画的时候就好像一个不会画画的人。他总是把纸折来折去，站在画案前发呆，下笔很慢。李可染说，我的老师从来没有"一挥"过。

李可染自己作画时，要排除一切干扰，连画室地上一根小针，一片纸屑也一定捡拾干净。画前一定用铅笔画出很精细的小稿，光影明暗浓淡虚实全都设计得清清楚楚。画完后，题跋落款钤印的位置，一定用小纸写出好几个样式，在画上反复摆放，直到找到最恰当的位置，方才落款钤印。

当李可染的弟子们联袂去日本展出时，请老师作个序，李可染便写了篇《"苦学派"画展序》。他自己画了大半生的水牛，晚年给画室起名为"师牛堂"，他崇尚牛的"力大无穷，气宇轩宏"，"稳步向前，足不踏空"。

无独有偶，张仃不让自己的子女学画，原因是他认为子女们都太聪明。他认为聪明人学不好画，因为聪明人总爱比较，左顾右盼，瞻前顾后，很随意就改换方向，没有定性，也没有长性。聪明人机巧，机巧的人学东西快，但投机心理强，而且耐不住寂寞，走不了夜路，也走不了远路。儿子张郎郎画画，他从不指导，直到有一天，他看了郎郎几幅彩墨装饰画，才说了一句："你这几根线条画得很生拙，不油滑，可以画下去。"他曾对我说过某青年画家身上天生有股拙气，应该画得出来。他给艺术家题字，写得最多的是"寂寞之道"和"叩寂寞而求音"。谈到那些伟大的艺术家，他总是特别提到他们对艺术的执着和惊人的工作量，他说过，一个优秀的艺术家，首先是一个劳动模范。

六

这本书是对访问日本匠人的两次电视节目的文字记录。读者可以从我对日本匠人的直接采访中领略日本匠人的风采，日本匠人传承的恒久与执着精神，日本匠人精神对大和民族国民性的塑造，以及日本当今社会生活中随处可见的匠人品质，及其在日本所有造物身上打下的令人动容的细节。

圣人云："礼失而求诸野。"看看日本，看看过去，在前后左右的观照对比中，"中国人民有所思"。

目 录

引子 / 1

武士刀 凄美的忍者 / 5

他住在自己营造的园林里,生活与工作紧密结合。

"我每天仍会花很长时间来工作,不管别人怎么看,我只是个贫穷的锻刀匠人罢了。"——吉原义人

浮世绘 最日本的表情 / 39

热爱是唯一的理由。

多年以来,哪怕没有一个人来参观,他的博物馆也照常开放。

"我从懂事开始就一直在收藏浮世绘,应该说我一生都在收藏。"——酒井邦男

漆器　木做的日本 / 71

　　匠人最典型的气质是，对自己的手艺拥有一种近似于自负的自尊心，并为此不厌其烦、不惜代价，但求做到精益求精，完美，再完美。

　　"一个真正的匠人至少要经过 10 年以上时间的学习和历练，才能够独立地制作作品。"——西胜广

铁壶　收藏新宠 / 99

　　日本铁壶绝不是一块冰冷的铁块，而是从中可以感受到日本文化的活生生的存在。

　　用一颗虔诚的心去对待事物和技艺，赋予它们灵魂，工艺由此上升为艺术，这就是工匠精神。

红花墨　430 年的坚守 / 123

　　好的书法无法用现成的墨汁来表现，需要由习书者手持长条形的块墨，自己注入清水在砚台上磨墨，通过这个过程去掉浮躁之气，进入思接千载的境界，与古人和传统文化沟通。

博文堂笔店　聪明人的笨功夫 / 147

　　他手中铁梳子的齿不仅短了一截，而且细了一圈，让人想到铁杵磨针的故事，羊毛以柔克刚，反而让铁改变了模样。

当一支笔或一件器物被一种锲而不舍的精神贯穿时，就会点石成金，价值连城。

能乐鼓师　物我为一 / 171

把最古老的东西和最现代的东西进行结合，用中国的源头之水创造出了另一种全新的文化。好像是一个女儿嫁了一个很好的人家，很受优待，把娘家的东西传承保护得非常好，反而是她的娘家这边由于种种原因，许多好东西都失传了。

清水六兵卫　显赫的陶器世家 / 189

"一生悬命"，即一旦开始就拼命去努力，不惜性命地去追求极致，一生一世将自己寄托在一件事上，用一生的时间去磨炼技艺。对清水柾博来说，所谓的匠人境界，正该如此。

天目盏　一段神话的复活 / 219

天目盏是中国人创造的，但是它的美学魅力却是日本人发现的。日本人说在碗里头看到了整个宇宙，我觉得这是对天目釉最高的评价。正是由于日本民族的高度评价，天目釉在世界上才有了如此崇高的地位。

引 子

20世纪40年代中期,美国人类学家本尼迪克特应美国政府之邀,运用文化人类学的调查方法,写了一份研究报告,对日本文化的双重性进行了分析。这份研究报告出版时,本尼迪克特将其命名为《菊与刀》。

"菊"是日本皇室的家徽,"刀"是日本武士文化的象征。

但是,本尼迪克特并没有特别强调菊与刀的文化含义,而是用灿烂柔美的菊花和寒光闪闪的武士刀形象地比喻了日本人的矛盾性格。她认为,日本人爱美而又黩武,尚礼而又好斗,喜新而又顽固,服从而又不驯,身上披着欧美的现代外衣,内心却死守着祖先的传统。

但是,性格上矛盾重重的日本人却在世界上风生水起,特别是二战中遭遇惨重失败之后,仅仅20多年,他们就再度崛起,很快跻身世界大国之列。这个历史现象促使我思考日本的文化基因,希望从中找到需要我们学习和借鉴的东西。

《论语》说:"君子务本,本立而道生。"所谓"务本",是指做人;所谓"道生",是指做事。"己成,则物成",立德成人,根基牢固之后,枝叶才会繁茂,才会有广大的发展空间,才能遵循事物发展的规律,几十年如一日，把事业做到极致。上升到人性的层面来说，就是由自我到无我，步入大诚、大智的人生大道。

这两年间，我数次东行扶桑，在不同的城市中，沿着大街小巷寻找这个民族的文化基因。我发现，日本匠人磨砺心性，用笨功夫成就人生大业的工作方法和献身精神特别让人感动，他们不投机取巧，不哗众取宠，不寻找所谓的捷径，而是虔诚、肃穆、一丝不苟地经营自己的生存之道，并把这种生存智慧一代代地传给后人，使之成为一种追求卓越的至高境界。

古都奈良的古梅园，是一家传承了16代匠人的制墨老店。在这家老店里，你可穿越历史，看到400多年前中国人制墨的方法和程序。

京都偏僻小街里那个创建于1885年的铁壶小店，热情的店主已经是第四代传人。

在临近日本海的轮岛市，对漆艺异常执着的西胜广，制作一件漆器有时需要几年的时间，他忍受着漫长的寂寞，坚守着一个匠人的职责。

松本市的酒井邦男，秉承父亲意志，坚持开放浮世绘博物馆，哪怕没有一位游客。

日本传统艺术界的国宝级大师大仓正之助，敲击着600年前先人传下来的大鼓，有力的吼声仿佛是一种岁月的回响。

刀匠吉原义人在洒满阳光的屋子里，仔细锻打着武士刀，在时钟的滴答声中，经历种种痛苦和挫折，不断地努力超越。

不管外面的世界多么繁华，他们心无旁骛。

……

从明治维新①以来,"匠人精神"作为一种厚重的历史沉淀,成为保证日本社会走向繁荣的重要支撑,古老的传统手工艺不仅能在工业社会牢牢扎根,而且还为新的时代注入了不可或缺的精神营养。

日本不同阶层几乎众口一词地推崇"匠人文化"。日本有一部电影描写匠人的儿子到美国留学回来,父子之间因为价值观不同而经常发生冲突。有一天,父亲突发脑梗。面对病重的父亲,儿子血液里流动着的匠人精神突然苏醒。于是,他在父亲的小屋里,安心地继承了父亲的手艺,成为一名忠实的匠人。

日本电影《入殓师》在展现日本丧葬风俗和生死观的同时,也让观众欣赏了职业入殓师的技艺,表现了一个匠人在追求技艺练达的过程中坚韧、执着的求道之心。入殓师将技艺与灵魂融为一体,用最虔诚的态度对待工作,告诉人们什么是对生命最后的尊重。

纪录片《寿司之神》的主角小野二郎,一生中有55年的时间都在做寿司。每日准备寿司食材的时候,80多岁的小野二郎会亲自去市场挑选,他对寿司所注入的精神和技巧无人能出其右。有人说,他的小店值得花一生去等待。小野二郎说:"一旦你决定好职业,你必须全心投入工作之中,你必须热爱自己的工作,千万不要有怨言,你必须穷尽一生磨炼技能。"

---

① 明治维新,指19世纪60年代至90年代,日本明治政府推动的旨在富国强兵的改革。日本通过学习西方文明和技术,走上工业化道路。

学者李庚告诉我们:"在日本社会的深层结构中,日本的匠人精神、匠人文化都有非常重要的地位,这种精神构成了日本的国民性和人生观。日本人一般很少改变职业,一旦进入到他的家族或是某个职业的话,他会终身去做。哪怕是卖豆腐的,哪怕是门口的一个小铺,都是多少代人在做同一件事情。"

日本的匠人精神,是日本产品注重细节的精神根基,是他们的产品在世界上创造一流用户体验和声誉的源头活水。

在日本的匠人世界里,每个人都有自己的分工,正是由于他们的坚守,人类许多宝贵的遗产才得以保存下来。匠人们奉献出的不仅仅是自己的手艺,所呈现出的也不仅是某一项专门的技巧,而是匠人自身灵魂和艺术的完美结合。

武士刀

凄美的忍者

他住在自己营造的园林里,生活与工作紧密结合。
"我每天仍会花很长时间来工作,不管别人怎么看,我只是个贫穷的锻刀匠人罢了。"——吉原义人

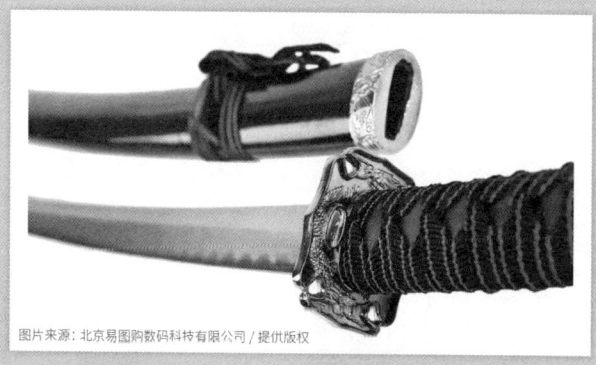

图片来源:北京易图购数码科技有限公司/提供版权

作为人类冷兵器时代最完美的杰作，日本刀有最好的实用性，刀一出鞘，即可伤人，同时它又兼具最华丽的造型，看上去像极了一位凄美的忍者。

既是锋利的，又是柔软的；既是实用的，又是审美的……在日本刀的身上融合了大和民族的诸多矛盾性。

1

近年来,常常有大批中国人赴日本购物。

良好的品质是他们趋之若鹜的主要原因。电饭锅等招牌商品依然畅销,智能马桶盖也人气大增,许多商店甚至出现了断货的现象。消费者不辞劳苦地将这些商品从日本背回家,是因为这些东西的确好用、耐用、美观、漂亮。

不过,有一种东西即便游客再喜欢,也无法将它带回国内,那就是武士刀。

日本武士刀作为一种武器,不仅在影视作品中频繁出现,在现实中,也被许多兵器爱好者推崇备至,成为神一样的存在。

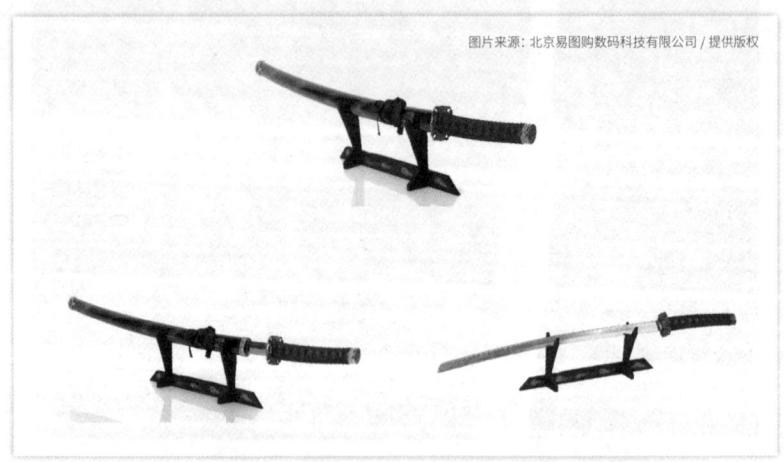

图片来源:北京易图购数码科技有限公司 / 提供版权

这种武器已经在日本的战场上叱咤了1000多年。传说它不仅可以一刀把人劈开，能精准地割断一根细发，更难能可贵的是它还拥有近乎完美的外形。从诞生的那一天起，它就成为一种身份的象征。

日本武士刀在中国市场颇受刀友的喜爱和推崇。一把上乘的武士刀往往千金难求，特别是制刀名家在卖刀前要特别考察买刀人的人品，所以有些人即便有钱也买不到武士刀。

武士刀为何会如此珍贵和锋利，千百年来，日本的刀匠们又一直遵循着哪些制刀传统？

离东京不远的地方有一处宁静的小镇，这里没有东京的热闹繁华和林立的高楼，多是一处处两层或三层小楼的宁静院落。

一位推着自行车的老婆婆出现在视野里，我上前询问锻刀师傅吉原义人住在哪里。老婆婆指了指一个传来叮叮当当敲击声的地方，那就是吉原义人先生的家。

吉原义人家的门楼是木制仿唐建筑，有飞檐、飞罩和木框做的门。门上钉着一个写有他名字的木牌。70多岁的吉原先生迎出来与我握手，他中等个子，腰板挺直，方脸，鼻梁上架副眼镜，胡子几乎全白。他身上罩了件蓝色和服，里面却是一件黑色的T恤。他的手上全是茧子，握力很大。

吉原先生客气地将我引进他的小院。

映入眼帘的是一棵苍劲的松树，然后是山茶花、文竹等花草，还有流泉里欢快的鱼。

吉原先生的锻刀工坊和他居住的屋子连在一起，同在一个院子里。

　　吉原先生的几个工坊与起居室连在一起。他住在自己营造的园林里，生活与工作紧密地结合。工坊里面环境优雅，所有的工具物件摆放整齐，没有一丝凌乱。他和他的徒弟们就在这里锻打着当今最好的日本刀。

　　在日本，许多的日本工匠都如吉原先生一样，把家安置在远离大都市的郊区或者乡下，他们恬静地身居日式园林内，将生活与工作融为一体。通过修养身心，感悟生命，去传承日本的传统技术和工艺。这是日本匠人们的生活方式，也是他们的工作态度。

日本武士刀刀匠吉原义人

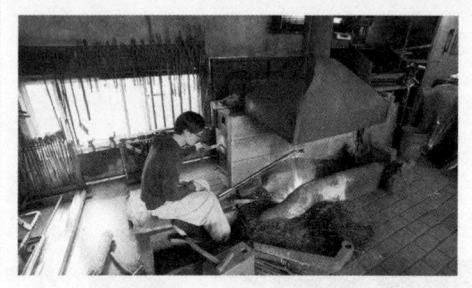

工坊内工作的学徒

锻刀工坊里供奉的神坛

吉原义人生于1943年，是日本当代著名刀匠。自从天田昭次①和大隅俊平②去世之后，他就在武士刀刀匠中排名第一了。2004年，他被认定为东京都无形文化财产保持者（人间国宝③）。

在日本，目前注册刀工仅300余名，吉原先生就是这些刀工里最具实力的代表，他被誉为天才刀匠、日本当代锻刀第一人。

在日本，制刀人被称作"刀工""刀匠"或"刀锻冶"。

吉原先生22岁时即被日本文化厅认定为年纪最小的刀匠，39岁时获得了刀匠中的最高荣誉——无监查。他的武士刀作品被美国大都会博物馆和波士顿美术馆收藏。

---

① 天田昭次（1927—2013），被誉为"人间国宝"的日本刀匠，出生于日本新潟县。他致力于研究和传承镰仓时代的锻法，1990年成为全日本刀匠会理事长，1997年被认定为重要无形文化财产保持者（人间国宝）。

② 大隅俊平（1932—2009），与天田昭次齐名的日本刀匠。

③ "人间国宝"，日本职人的至高荣誉，社会地位和分量极重。1954年，日本修改《文化财保护法》，将重要无形文化财产纳入保护范围，主要有艺能和工艺技术两类，艺能有雅乐、歌舞伎等，工艺技术有陶瓷、刀剑、染织等，由文部科学大臣认定，获得者被尊为"人间国宝"，亡故后解除。

2

日本刀被列为世界三大名刃①之一。

日本刀是外国人对日本传统刀剑的统称,其全称为平面碎段复体暗光花纹刃。依据形状、尺寸的不同,可分为太刀、打刀、肋差(肋指)、短刀等,广义上的日本刀还包括长卷、剃刀、剑、枪等。

这些在日本人心目中具有灵魂的武士刀出现于何时呢?

听吉原先生讲,日本刀在日本国的历史大概有1000年左右。目

---

① 世界三大名刃,分别为大马上革平面花纹刃(俗称大马士革刀)、马来槌面焊接花纹刃(俗称马来克力士剑)以及日本平面碎段复体暗光花纹刃(俗称日本刀)。

前日本保存下来的历史最悠久的刀也是1000岁。从最早开始做日本刀至今，锻刀所用的材料，冶铁、锻打的方法以及刀的形状，基本上没有什么变化。

有学者考证，中国的唐刀是日本刀的雏形。

"唐刀"是指我国隋唐4种军刀制式的总称，并不仅指唐朝这一时期的刀或某种特定的刀。

唐朝时期，唐刀与大马士革刀一同享誉世界，它们都是世界刀剑史上的巅峰之作。

在奈良的唐招提寺里供奉着中国唐代高僧鉴真和尚的坐像。东渡日本的鉴真在中日文化交流史上具有举足轻重的地位，他除讲授佛经外，还详细介绍了中国的医药、建筑、雕塑、绘画、冶金等方面的知识。武士刀就是中日文化交流的产物。

奈良的唐招提寺

唐刀的外形和制作工艺影响了东亚的刀剑,特别是日本武士刀的发展。

唐刀传入日本之初,日本的贵族以拥有一把舶来的中国刀为特殊荣耀。

之后日本开始学习唐刀的铸造之法,并加以改进,成就了今天所见到的日本刀。

日本奈良东大寺内的正仓院,收藏有万余件服饰、家具、乐器、玩具、兵器等各式宝物,其中就有不少来自中国的刀剑,最有名的金银钿装唐大刀,即由遣唐使带回日本并藏于正仓院,至今保存完好,成为日本的国宝级藏品。

中国宋代年间,中日官方和民间交往不断,日本的刀剑也在那个时候开始进入中国,逐渐受到中国人的喜爱与珍视。

宋代诗人欧阳修赞叹日本刀制作精良,装饰漂亮,可降妖去邪,写下了流传甚广的《日本刀歌》。

> 昆夷道远不复通,世传切玉谁能穷!
> 宝刀近出日本国,越贾得之沧海东。
> 鱼皮装贴香木鞘,黄白闲杂鍮①与铜。
> 百金传入好事手,佩服可以禳妖凶。
> 传闻其国居大岛,土壤沃饶风俗好。

---

① 鍮,一种黄色有光泽的矿石,即黄铜矿或自然铜。

其先徐福诈秦民，采药淹留卅童老。
百工五种与之居，至今器玩皆精巧。
前朝贡献屡往来，士人往往工词藻。
徐福行时书未焚，逸书百篇今尚存。
令严不许传中国，举世无人识古文。
先王大典藏夷貊，苍波浩荡无通津。
令人感激坐流涕，锈涩短刀何足云。

日本武士的佩刀不单纯是装饰，也是其特权和阶级的标志。他们对庶民有使用佩刀斩杀的权力。这在德川时代①就已经形成传统。德川家康所颁布的法令中规定："对武士无礼，对上级不逊的庶民，可立刻斩杀。"②

然而，德川时代一下子就经历了200多年的和平岁月，武士们舞刀弄剑的机会非常有限，日本刀也就渐渐从杀人兵器变身为一种艺术品，出现在日本人的生活之中。

唐代之后，中国的唐刀锻造技艺逐渐失传，日本的制刀工艺大约在1000年前超越了中国，那时候他们已经可以将日本刀做成弯刀。

---

① 德川时代，是对日本德川幕府统治时期的概称，也称江户时代。1603年由征夷大将军德川家康在日本江户（今东京）所建。至1867年德川庆喜被迫宣布还政天皇为止，共经15代征夷大将军，历时265年。为后来日本走上资本主义道路提供了政治前提，对后世的日本产生了深远影响。

② 〔美〕鲁思·本尼迪克特，《菊与刀》,吕万和等，译。北京：商务印书馆，1990，第45页。

正在专心工作的吉原先生

今天,日本刀仍然守护着千年以来的传统手工艺,每一位锻刀师都以虔诚之心对待每一把刀,使之更精美,更锋利,成为刀剑爱好者追捧的藏品。

3

传统日本武士刀的制作分为三个步骤:冶炼,锻造,抛光。

第一步是找到高品相的铁矿石。由于铁矿石里面的杂质会使铁和钢变脆,不利于刀的制作,所以锻造日本刀所选用的铁矿石一定得含铁纯度高、硫磺和磷等杂质含量低,这些特点对于刀的品质至关重要。

日本是一个自然资源短缺的岛国,每年都要进口大量的铁矿石。

虽然澳大利亚、中国等许多国家都出产可以用来做日本刀的砂铁，但许多日本刀匠坚信：日本刀一定要用日本国产的砂铁。所以，做工精良的日本刀所用的铁矿石大都产自日本的岛根县。

岛根县位于日本西部，出产一种质量非常好的砂铁矿——"山铁砂矿"，它炼出的钢光泽度高，外观漂亮，抛光后有近似白银的视觉效果。它铁质纯净，声音清脆悦耳，不易生锈，经久耐用，强度和寿命是普通铁的3~6倍。

吉原先生说："其实，以前在日本的其他地方，比如千叶县、神奈川县等，都能采到这种砂铁，但现在主要是岛根县还有。"

几个世纪以来，岛根县的匠人们传承着独特的炼钢技术，为优秀的刀匠们输送着上好的制刀钢材。

一把最传统的武士刀一定是采用最纯粹的钢材来制作，日本人将这种钢材称为和钢（Wakou）或玉钢（Tamahagane）。

所有日本刀的刀迷们都痴迷于日本刀的"玉钢神话"，甚至有刀迷会说，不用玉钢造的刀就不是一把真正的武士刀。

玉钢的冶炼技术是在江户时代被发明出来的。

玉钢来之不易。炼制玉钢是一种古老的冶金技术，炼制过程耗时费料，出产率极低。

为了得到最高品质的制刀钢材，25吨的砂铁与大量木炭混合后，被放入土陶熔炉内经高温熔炼。木炭既作为燃料，同时也是炼制钢材的重要原料，随着木炭的不断加热，炼钢炉内的温度可达1400℃，这样的高温才能使铁矿砂与少量木炭融合后生成玉钢。

经过几天几夜的充分熔炼后，能够提炼出的合格玉钢仅为2吨，只有这些品质上乘的玉钢才有资格被送往刀匠们的制刀工坊。

如此高的成本，让玉钢更显珍贵。最高品质的玉钢价值高出现代成品钢几十倍。

如今，玉钢的制造工艺成为日本独有的一项传统文化，受到保护。全日本仅存的玉钢冶炼炉——采风箱，就在岛根县的山区。这只采风箱曾经为日本的所有刀匠提供数量有限、质量上乘的玉钢。

采风箱的一侧有一排鼓风口，通过从一侧鼓风的方式保持风箱内炉火的旺盛，来维持较高的温度。

当年，为了炼出精良的玉钢，匠人们必须连续三天三夜作业，不眠不休地守在采风箱旁。

借匠人多年积累的经验，风箱内温度的高低只需通过炉火的颜色即可判断。但是，由于冶炼方法过于原始，炼出来的钢只有一小部分能够成为锻造武士刀的材料，其余的只能拿去做刀叉等餐具。

吉原先生拿起两块颜色有些差异的钢块敲打起来，让我仔细辨别其中的不同。他指着声音悦耳的那块说："您看这块钢的外表圆圆的，有玉一般的感觉，所以就称它'玉钢'。当然，这仅仅是一个名称而已。"

吉原先生介绍说，大概在2000多年前，日本已经开始使用脚踏风箱炼铁，就是用黏土做成一个和真人样大小的炉子，在里面加上热砂铁，趁着热砂铁还未完全熔化时将它锻造成铁块，这些铁块最后被做成刀。这是非常原始的一种做法。铁块入炉前，要将它放

进稻草灰里头蘸一蘸。因为当温度升高以后,在铁的表面形成的氧化铁很难被去除掉,所以匠人会把稻草灰覆盖在上面,这样氧化铁就能很快被除掉。随着温度的升高,氧化铁会被逐渐熔解掉,这会让铁与铁之间更容易地结合起来。当铁马上要熔化的时候,把温度迅速升高,再把它做成一个铁砣。

当然,玉钢只是原料,还要经过反复锻造以后,才能成为制刀的钢。如果锻造的过程稍有过失或技术不过关,钢就不结实,无法锻成寒光闪闪的钢刀。

4

吉原先生的两个徒弟正在熊熊的炉火旁锻打玉钢,站着的一人抡大锤,坐着的一人执小锤,一人一下,叮叮当当,与我们在中国

锻打过程中,铁的表面会形成氧化铁,将稻草灰粘到锻打过的铁块之上,再入火炉进行冶炼,能很快去除氧化铁。

铁匠铺里看到的情景几乎一模一样。

吉原先生回忆起当年跟着爷爷当学徒的情景:"我们家族的制刀手艺是从我爷爷这一代开始的,在爷爷的上一代,由于当时日本有一个废刀令[①],是不允许做刀的。"

吉原大概在 11 岁进入工坊,每天的任务就是站在爷爷旁边,跟着爷爷学拉风箱,给爷爷打下手。他日复一日地看着爷爷工作,慢慢就学会了如何锻刀。吉原说:"也可能因为我是他的孙子,爷爷看

---

① 废刀令,1876 年日本明治政府公布的一条禁止武士带刀的法令。

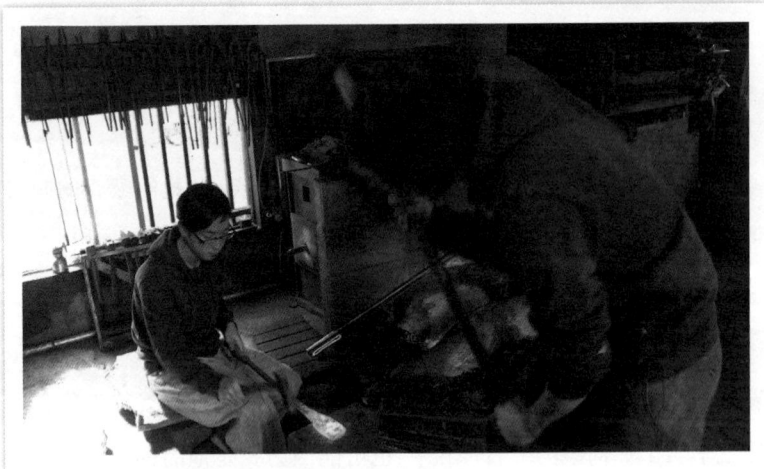

吉原先生的徒弟正在不断地锻打玉钢

到我很可爱,所以愿意让我很快地上手去拉风箱。然后我慢慢跟着爷爷做刀,爷爷做人做事的原则,也会自然而然地传承下来。我现在是师傅了,所以我要做给徒弟们看,也会看着他们如何做。这种传承与过去都是一样的。"

从古至今,日本人学习制刀工艺只有一条途径——从学徒做起。一个学徒至少要用好几年时间才能学会制刀的基本技巧。他们每周跟着师傅工作六天,吃住都在师傅这儿。作为一名学徒,最基本的工作是给师傅帮忙打杂。新学徒只负责加炭和看顾火炉,之后慢慢学习锻造技术,几年之后他们才能开始自己制刀,少数技术合格的幸运儿至少还得再努力五年,才可以称自己是"刀匠"。

经过多年的练习,在从容地掌握了从师傅那儿传承来的技艺之后,他们最终可以制作出货真价实的日本刀。

弹丸之地的日本,代代传承达百年以上的家族企业就有近10万家。这些百年家族企业,经历战乱、饥荒、大地震、经济危机等一系列时代苦难而屹立不倒,与他们对学徒的严格培训和考察是分不开的。一般来说,凡是来到工作坊学艺的,不论出身贫寒还是血统高贵,不论目不识丁还是出自名校,一律要从当小工、打下手开始。比如日本的秋山木工学校,学员一年上预科,四年学做徒,三年学带徒,这样下来,成为真正的工匠而自立门户需要经过八到十年的艰苦磨砺。

吉原先生的徒弟在学习制刀技术

秋山学校对新来的学徒有十条规则：

1. 不能正确、完整地进行自我介绍者不予录取。
2. 被录取的学徒一律留寸头。
3. 禁止使用手机，只许书信联系。
4. 一年学习期内只有十天假可以回家，除此之外，即使父母来了也不准见面。
5. 禁止接受父母汇寄的生活费和零用钱。
6. 研修期间绝对禁止谈恋爱。
7. 早晨从跑步开始。
8. 大家一起做饭，禁止挑食。
9. 工作之前先扫除。
10. 朝会上，齐声高喊《匠人须知30条》。

人们很难想象，在现代化程度如此之高的日本，竟然还在用苦行僧一样的方法，培养民族文化的传承者。

像质量上乘的玉钢需要反复锻打一样，匠人们在学徒阶段经过这样的锤炼，不仅技艺得到了空前的提高，心理素质和精神力量也会强大起来，为他们日后迎接艰苦、单调的匠人生活打下了良好的基础。

反复锻打玉钢的目的，一是为了祛除杂质，二是使玉钢里铁和碳的结合更紧密。杂质的祛除过程费时且单调，却至关重要，因为钢材中杂质的多少直接关系到刀的质量。

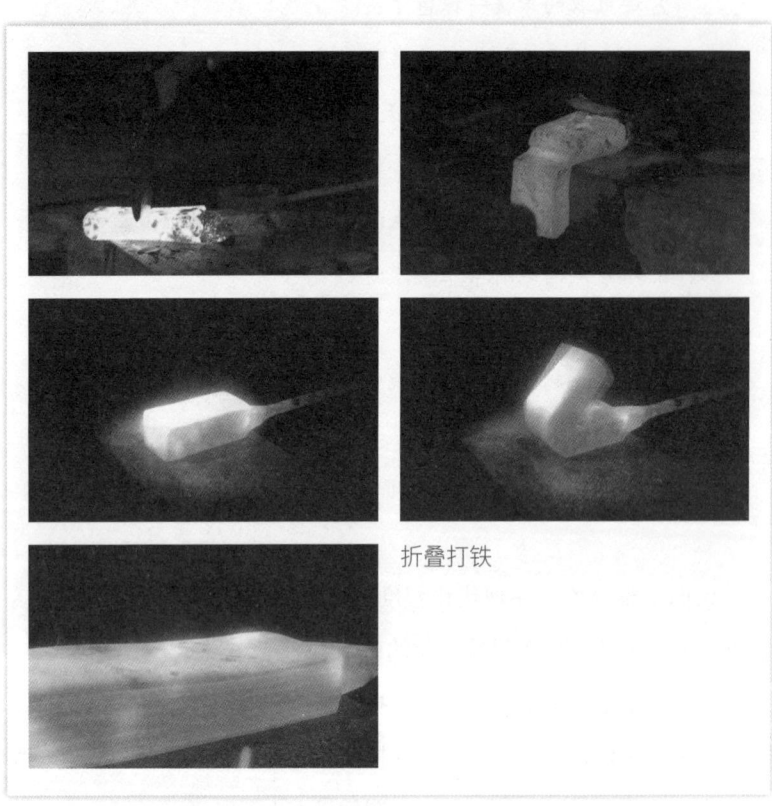

折叠打铁

这种锻打的方法就如同我们叠被子一样，把一块长条形的钢折叠起来，打成长条，再折叠，再打成长条……不断地折叠锻打，玉钢表面会形成许多细小的纹理，最终的纹理层可达5000层……这种特殊的纹理类似树的年轮或梯田，将来会出现在武士刀的表面，它被称为"地肌"。

当所有杂质被祛除，经验老到的刀匠就可以通过玉钢的弹性判断其碳含量。

经过初锻后的玉钢片就像一块块银色的宝石。

所有经过初锻的玉钢片被小心堆集起来，用纸包好后，在上面覆一层黏土和灰烬，防止玉钢片的氧化，然后，将玉钢片插入到炭火底部加热。

当温度加热到1300℃左右，玉钢片被迅速地从火炉里抽出来锻打，锻打后，刚才分离的玉钢片又成了一个整体。这是刀坯初步成形的阶段。

抽出玉钢片的动作必须要快，因为一旦温度下降，这个点被错过，玉钢片将不能合为一体。接下来，对锻钢进行折叠锻打又被重复无数次，可以用"千锤百炼"来形容。直到刀匠认为锻钢里碳元素的分布完全均匀为止。

吉原先生一边锻打玉钢一边说："锻打主要有两个目的，第一就是为了把里面的杂物打出来；第二就是要把它里面含的碳量平均化，因为玉钢里面所含的碳量分布是不一样的，为了让它们的碳量分布更加平均，必须反复锻打。"

那么需要多长时间才将一把日本刀锻造成形呢？

吉原说："日本刀的锻造需要高度的专注和精准的技艺，锻打是最重要的阶段，大概需要2~3天时间，锻打后还要再烧、再成形，这个时间大概是2周左右。然后是做刀身，时间大概是1个月，刀身做好以后还需要经过专业的研磨师来研磨，研磨的过程是3~4周。也就是说，从炼铁、锻打再到研磨，制成一把上好的日本刀，至少要3个月的时间。如果这个刀的刀鞘比较讲究，大概还需要做3个月。因此，一把艺术性很强的日本刀做出来，大概需要半年时间。"

在吉原先生的工坊里，一把刀至少要过15个人的手，大家分工协作，全手工打造，每个刀匠平均每年打造12~20把刀已是极限。

吉原先生说："日本有一句古话和中国成语'千锤百炼'的意思相近——百炼之铁。也就是一定要经过数百次的冶炼之后，铁方可成为一块好钢，这中间不能有任何偷工减料。当然我的意思不是说一定去锻造一百次，如果真的锻造一百次，这个钢就没有了。我的意思就是说，刀匠要拼命地去锻一块好钢。"

制刀的过程充满了偶然性，有经营风险，也有被利刃或炉火所伤的危险，吉原先生的锻刀工坊里有神坛供奉，他说这样才能够保证刀匠的安全。

在日本，各种各样的手艺人都有自己的守护神，但是吉原先生说，并不是因为有神的守护就一定能炼出好刀来，最重要的还是靠匠人自己的努力。

当被问及制刀的哪个环节最为关键时，吉原说，整个做刀的过程都很关键，都必须拼尽全力去做，如果一定要找出一个点，我认为不断地锻打玉钢最为关键，钢的强度和韧度是日本刀最重要的部分。

作为著名的日本刀锻造师，吉原希望把自己的精神和灵魂注入武士刀里面。而这一点，除了拼命地工作，别无他途。

我问道："如果我想拥有一把您亲自锻打的日本刀，您会推荐什么刀？"

"只要是我拼命打造的,什么刀都可以。"

"您锻打每一把刀时都倾注了自己全部的热情和认真的工作态度。您打造的任何一把刀,是不是都是最好的?"

"只要是刻上了我的名字的刀,我都认为是自己满意的刀。"

"荣誉是最重要的?"

"确实,荣誉也是非常重要的,当然这也是被别人所承认的。"

每个刀匠从刀剑协会买到的玉钢数量是有限的,因此他们会极为用心地去打造每一把刀。意外产生的废刀会被销毁,绝不会冒充好刀展出来。

刀的品质好坏关乎家族荣耀,在日本,人们对制刀匠人极为尊重,刀匠们最在意的就是他们亲手打造的每一把刀的品质,流风所及,当然好刀辈出。

5

日本刀从未折断过。

这种刀是用碳含量不同的两种钢结合起来打造而成的。

金属太硬则容易折断,太软虽然不易折断,弯曲后却难以恢复弹性。

所以,硬度与韧性是评判一把日本刀好坏的重要指标。

怎样做到既有弹性,又能确保金属的坚硬呢?

经过反复折打的优质玉钢,加上适量的碳,就是武士刀如此锋利的秘密。

经过反复折打的优质玉钢,加上适量的碳,就是武士刀如此锋利的秘密。

钢铁中所含的碳元素，经过淬火（急冷）后，来不及扩散迁移，即被强行限制在铁原子的晶格之间，造成了原子晶格的畸变，破坏了平衡状态下碳的分布。

当碳含量达到一定程度时，就产生了一种硬而脆的组织——马氏体组织，随着碳量的增多，它的脆性增大，使得刀剑挥砍时的耐冲击度受到影响。

因为越硬的东西它的刃口就会越锋利，越锋利砍杀起来就会越锐利，而越坚硬的东西其实越脆弱易断。

用坚硬的钢锻造的武器，很容易出现缺口甚至断裂。

若要保持钢材的韧性，就不得不牺牲它的硬度，如此，刀口将不够锋利，甚至会在劈到硬物后翻卷。

一把实战用的刀，它的硬度和韧性一定要达到完美平衡。

所以一把好刀除了硬度，还需要能抗震，有相当的韧度。

而硬度与韧性的两难，从古至今一直是所有钢铁材质的刀剑上相互矛盾的问题。

那么，刀匠们如何使日本刀兼具"锋利与韧性"？

好的日本刀里，有一个"三明治"般的秘密——在硬度高的好钢里面夹着一块较为柔软的钢，这块柔软的钢在格斗中的作用是吸收震荡所产生的力，从而使得这把刀兼具强度与韧性。

为了做到这一点，刀匠们必须选用碳含量不同的两种钢铁锻造武士刀，刀刃选用含碳量较高的钢材，而芯部则会插入比较柔软的铁。也就是用硬度高的钢将硬度低的铁包裹起来，以取得日本刀在硬度和韧性上的最佳平衡。

吉原先生拿起一把刀,说:"您可以看到,这把日本刀上面看起来像是白色刀纹的部分是非常硬的,而黑色的刀芯部分比较软,并带有钢原本的韧性。在刀芯周围用硬的,也就是用淬过火的钢将它包裹起来,所以日本刀是绝对不会折断的。不过,这并不是日本独有的制刀技术,世界上许多国家,比如瑞典,在做刀时也会在硬的刀里面夹着软的铁芯,这是古代就有的技术。"

刀剑在使用中如果强度超出它本身的受力极限,那么它不是会变得弯曲就是会被折断,这是刀剑的物理特征。

韧性好的会弯曲,硬度高的会断掉。

日本刀韧性为上,宁弯勿折。

6

我们看到的日本刀,每一把都有着优美的弧形,这个弧形是特意打造的,还是因为钢铁在淬火的过程中自然弯曲形成的?

吉原先生说:"我在锻打的过程中,当然会考虑到要把它打成什么样的弧度。我会在它入火以后,计算好烧的时间,烧制不同的时间能出现不同的弧度。"

也就是说,每一把刀都是有灵魂的。

在日本,自然界的任何存在,比如瀑布、树木或山峰等等,都被认为有神性,用虔诚的心制作出的武器,当然也就具有了灵魂。

日本刀被誉为"武士之魂",它是日本武士的象征和荣誉,是日本武士生命的一部分。

几年前,美国探索频道播放的纪录片《武士刀传奇》中说:"没有一个民族会像日本人那样,把武器视为他们的精神与灵魂。"

有人说,日本武士刀,是世界上最好的刀。

而附着在刀上的武士道精神,才是日本刀的可怕之处。是不是锻刀的工匠在锻造的过程中,已经把一种精神性的东西赋予了刀,让它具有了一种精神人格?

吉原先生给我们普及了一下关于日本刀的知识:

在日本封建社会,武士与刀是人刀合一的。武士将自己的精神完全赋予日本刀,武士的责任就是要保护大家的平安,他需要佩带着日本刀出门,让大家看到它,使人们尊敬并服从。所以说,日本刀佩在武士身上会对他有很大帮助。在武士看来,每一把刀都是有灵魂的。在日本某些特定的时代,只允许武士拿刀,比如说丰臣秀吉时代,农民和商人是不允许拿刀的;到了江户时代以后,武士可以拿长刀,平民只可以拿60厘米以内的短刀。

在日本刀1000年的历史中,较少被用作主力武器,千年以前有弓,还有像青龙偃月刀一样的长刀。长刀是一种用起来比较方便的武器。

日本的浮世绘里面,都特别描绘了武士腰上的刀,这些武士一般佩两把刀——一把长刀和一把短刀,长刀可以叫"大刀",短刀叫"小刀"或是"肋指",是辅助大刀的。有人说大刀是用来扑杀敌人的,而小刀是武士用来切腹的。其实,无论大刀小刀,都是打仗时候用的,至于切腹,则用的是更短的刀。

武士道强调"毫不留念的死,毫不顾忌的死,毫不犹豫的死",对武士来说,最重要的是背负责任和完成责任,最典型的武士道精神行为即是切腹。

在日本武士道精神中,武士选择切腹作为自己最崇高的死亡方式。

"切腹"这种行为被武士认为是舍生取义。切腹者要用一刀以上,切开自己的腹部。由于自己除去内脏过于可怕,所以切腹的方式最后做了修改,变成由切腹者自己划上一刀,腹部切开之后,由朋友或可信赖的家臣立即补上慈悲的一刀,再砍下切腹者的头。这种来担当补刀行为的人,称为介错。

所以,死亡不过是武士尽责任的一种手段而已。

对于什么是"武士道"这个问题,吉原先生说:"这确实是一个很难回答的问题,我并不是研究武士道的专家,也很难把这个问题回答准确。武士道大约是指一个武士,他住在某个地方,他就有责任保护这一地区居民的安全,哪怕献上生命也在所不辞,而刀就是武士的主要精神依靠,这是我所理解的武士道精神。"

日本人认为樱花最美的时候并非盛开之时,而是凋谢的时候。樱花花期不长,凋谢的特点就是一夜之间满山的樱花全部凋落,不会有一朵花留恋枝头。

这是日本武士崇尚的精神境界,在片刻耀眼的美丽中达到自己人生的顶峰,发挥出自己最大的价值,之后毫无眷恋地结束生命。

武士自杀并非输不起,也不一定是因为失败产生的羞耻而自杀。自杀是因为他认为自己已经竭尽全力，自己的心愿已经了结，自己的一生不会再有更大的辉煌了，此时此刻他应该像樱花一样毫无留恋地凋谢。

7

一把刀锻打成形后，就开始抛光和研磨，这个过程要持续将近1个月。

刀匠吉原每天安静地坐在自己的位子上，细致地雕琢着手里的刀。整个过程，他不仅仅是在打造一把完美的日本刀，更是在保存一项传统，刀匠不仅是一份职业，更是一种精神准则。

网友青杨花愁有幸得到吉原义人制作的一把小刀，爱不释手，研究把玩之余，将日本武士刀与西洋刀作了五条有趣的对比。

1. 日本武士刀的锻造过程，锻以火、覆以土、淬以水、砥以金、存以木，冥冥中暗合天道。西方刀具的制造相对比较依赖现代技术，缺乏这方面的内涵。

2. 日本武士刀的纹理，是经过多次充满技巧的折叠锻打，再加以研磨才能表现出来，乍一看平平无奇，但在特殊光照条件下会产生细致绵密、如肌肤般的视觉效果，符合东方人低调、内敛的文化特质。相比之下，西方手工刀的大马士革花纹是酸洗出来的效果，锋芒尽显，绚丽多姿，倒也符合西方人的性格。

3.日本刀地青刃白的图景,契合自然风貌,囊括了大自然中水的三种不同状态。沸如山头初雪,是为固态;匂①如风卷残云,是为气态;刃纹走向似涛澜浪涌,是为液态。可谓是穷尽人力,以达造化之工。

4.日本小刀的柄和鞘选材均为朴木,未上漆,未增加任何装饰,有一种"清水出芙蓉,天然去雕饰"的清新感。有别于西方艺术刀偏好于采用名贵材料、精雕细琢的处理方法。

5.西方艺术刀,讲究所见即所得,只要技艺到位,进行大量华丽至极的雕饰,尽可能地提高凝结在作品上的绝对工时。日本刀则不然,刀匠锻打之时并不能完全预见到最终作品的完成效果,整个锻制过程中金属结构发生非常复杂的变化,无法完全精准地控制,烧刀的完美与否除了依赖技术,也存在一定的偶然性,讲究机缘。这就强化了作品的唯一性和不可复制性。

随着时光流逝,一把把完美的武士刀经由吉原先生的巧手不断成形。据说,吉原先生的日本刀在网络上报价高达30万元人民币,但吉原先生从来不去关心这些,他对我说:"我每天仍会花很长时间来工作,不管别人怎么看,我只是个贫穷的锻刀匠人罢了。"

---

① 锻刀过程中,刀刃与刀面的边界处产生出如同银沙般的颗粒状纹样,日语称作沸;整体看,这些细小的白点形成白雾一般的线条,日语称作匂。匂是鉴赏一把日本刀品质的重要依据。

浮世绘
最 日 本 的 表 情

热爱是唯一的理由。

多年以来,哪怕没有一个人来参观,他的博物馆也照常开放。

"我从懂事开始就一直在收藏浮世绘,应该说我一生都在收藏。"——酒井邦男

亦邪亦媚，这是菊与刀民族最暧昧的表情。

人生苦短，不如纸醉金迷，这是日本文化传统中的另外一种生活态度。

传说在19世纪初，一位荷兰商人购买日本瓷器时，被商家弃如敝屣的包装纸吸引，那上面除了生动传神的美人肖像，还有一些有伤风化的重口味画面。原来，这是一种版画，它色彩鲜艳，笔触柔美，极富东方情韵，不同于西方人以前见过的所有图画。从此以后，一些欧洲商人开始疯狂收集这类版画，一段时间后，原来价格低廉的版画身价暴涨。欧洲人把这种版画的地位和价格都大大地抬高了。

多年以后，日本人去欧洲博物馆游览时，发现本国那些廉价、不雅的东西竟和欧洲的名家名画挂在了一起。面对疑惑，欧洲人给的答案很简单：好看！再后来，随着这类画风靡世界，它被赋予了一个意味深长的名字：浮世绘。

有人说浮世绘是写给性爱的情书，它是最日本的表情，是菊与刀民族背后最妩媚的那一部分，也是一个时代、一种文化的缩影。

1

都说看浮世绘，要去松本。

日本长野县松本市，酒井家开设的小小博物馆有着顶级的收藏。这是世界著名的日本浮世绘博物馆。

从松本市中心到靠近乡下的博物馆有三四公里路，乘坐出租车要1500日元的车资，而且回来的时候还没有车，要徒步。

酒井家族的第十三代传人酒井邦男微笑着迎过来说："感谢您来看我们的画。目前这里的展览是最新策划的，展出的作品都是非常优秀的。"

酒井邦男大约有60岁，头发很黑，像是染过。他有着学者的儒雅，说话时非常有礼貌，腰板挺直。多年以来，哪怕没有一个人来参观，他的博物馆也照常开放。

热爱是唯一的理由。我问他从事收藏有多少年了，他说："我从懂事开始就一直在收藏浮世绘，应该说我一生都在收藏。"

酒井家族收藏浮世绘已经有200多年的历史了。

18世纪的时候，酒井家族是松本地区的纸张批发商，他家生产的纸张有一半会用来制作浮世绘。因此，这个家族喜爱上了浮世绘，并与一些浮世绘画师结下了友情。酒井家族是浮世绘的大师级人物歌川广重（1797—1858）的资助人，曾大量购买歌川广重的浮世绘

浮世绘研究学者、浮世绘博物馆馆长酒井邦男

浮世绘博物馆外景

作品，两家的私交也特别好，歌川广重给酒井家的祖先画过肖像浮世绘。

近代以来，酒井家族对浮世绘的收藏简直到了痴迷的地步，特别是 1920 年以后，军阀统治下的日本经济大萧条，人们都会想方设法卖些东西度日。酒井家族收集浮世绘声名在外，很多人便拿出自家收藏的浮世绘主动找上门来，酒井家族基本上照单全收。这样一来，找上门来的人越来越多，酒井家族差点因此穷困潦倒。"幸好在这时，人们没有浮世绘可以卖了。"

酒井家族把浮世绘贮藏在松本市靠近乡下的地方。松本市在地理位置上比较偏僻，基本上没有受到战乱的影响，酒井家族的宝贝因此得以保留下来，目前收藏的浮世绘数量达 10 万余幅。从这个意义上说，酒井家族是浮世绘的恩人，也是浮世绘画师的恩人，他们使日本的这一民间奇葩得以永世长存。

1981 年，酒井邦男的爷爷酒井藤吉开办了日本浮世绘博物馆，每次展出的藏品约 200 幅，每 3 个月换一批展品。

爱画言画，酒井先生一见面就指着一张浮世绘作品说："您看这幅画，这是世界上幸存的唯一一幅，它的色彩非常美丽，尤其是背景的黄色和其他色彩的搭配应用，是世界上唯一的。"

这是浮世绘大师级画家喜多川歌麿的作品。我注意到画的标题是《北国五色墨·上唇妆的花魁》，望文生义，以为这是版画的制作过程中用了黑、白、黄、红和藕荷色五种颜色。

酒井先生解释说："'北国五色墨'应该是一套美女系列画，当

喜多川歌麿
《北国五色墨·上唇妆的花魁》

菊川英山
《风流美人图》

初他可能画了五个美女,但存下来的据说只有三张,这是其中之一,还有两张,到现在都没有发现。"

酒井先生走到菊川英山①的《风流美人图》旁,问我看了之后联想到什么。

这幅画画的是一个刹那间的动作:樱花盛开之时,一位侍女游春,突然有风吹过,衣裙飘飘,她赶紧用双手把裙子一掩……

酒井先生说:"玛莉莲·梦露不是有一张著名的照片吗,她一出门,风一吹裙子扬起,她赶紧这样一掴,其实就是从这儿来的。在画家那个时代,一般妇女在裙子里面是不穿内裤的,要是裙子被风吹起来的话,那可真是不得了,所以她一定要这样用手掴住。也许梦露那张照片正是受到了菊川英山的启发。"

另外一张有意思的画是一个大浴场里,20多位裸女在洗浴,她们每人有一个小木桶,弄一些水

---

① 菊川英山(1786—1867),日本浮世绘画师,擅长描绘长鹅蛋脸型的美人画,以其柔和、高雅之画风自成一家。他的作品注重人物表情之细微变化,环境描写非常细腻,给人以清秀、明快之感。

在那里洗,有人搓澡,有人交谈,有人打架,有人劝架,非常热闹,极富戏剧性。

酒井先生说:"当时日本人洗澡还没有泡大浴池的习惯,大家就在浴场里一边说话一边搓背,然后再冲洗干净。浴场是当时的一个社交场所。

"这是明治时期之前的作品,这些画因为是用天然的染料染上去的,所以如果把它弄湿了或者是放在水里面,它不会渗出颜色。明治时期的人们用比较廉价的水溶性颜料,那样画出来的画,如果放在水里面,颜色就会脱落。"

在一幅女子捧读信件的画前,酒井先生介绍说:"您看它周围有一圈红颜色的刺绣,说明她在念情书。当时,从信纸颜色上就能够看出情人的相互关系,如果要分手的话,这外面的线是蓝色的,如果还在热恋之中,这个线是红的。在江户时代,政府禁止在画上把女子真实的姓名写出来,画家就想出一个对策,画的左上方是她们家的商号,通过商号你可以知道是谁家的女子。在樱花的花瓣之间,写着'花期'二字,这幅画的名字就代表她的姓名。我们看她的发结,一根一根的青丝,非常细密,其实它不是画出来,是刻出来的,这需要画

家有高超的技术，画家希望欣赏的人能够仔细观察人物的头发。"

浮世绘是彩色印刷的木版画（锦绘），一幅浮世绘的完成，需要至少三个人，一个画画稿，一个雕版，一个调色、套板、印刷。三个人必须都是高手，才能出一幅好的浮世绘作品。

浮世绘的雕刻印制有八道工序：在木版上贴上画稿→用小刀雕刻出轮廓→用凿子凿出凹面→主版完成→为主版着色→铺上纸张→用马连①摩擦→反复多次拓印色版，浮世绘便完成了。

看了一阵画，坐下来，喝杯茶，我与酒井先生聊起了浮世绘的前世今生。

江户时代（1603—1867）有一本《浮世物语》，开篇是这样的，"万事不挂心头，随风飘去，流水浮萍一般，即叫作浮世"。这也许是"浮世绘"源头的渠水吧。来松本之前，我找到了学者们关于浮世绘的几种解释：

其一，学者潘力认为，"浮世"意即日本佛教概念中相对于净土的充满忧虑的"现世"，指生死轮回和人世的虚无缥缈。因此，"浮世绘"又有入世行乐、人生如过眼烟云之意。说浮世绘是体现市民趣味的绘画，主要是源于它多是对色情花魁和歌舞伎明星的描绘。②

其二，学者钟和晏认为，"浮世"是指"浮华世界的图像"。他的根据是，"浮世绘"这个词最早出现在天和二年（1682）出版的《每

---

① 马连，制作水印版画的工具。
② 潘力，《浮世绘的故事》，北京：科学出版社，2015。

月游》序文和同年井原西鹤的小说《好色一代男》中,其诞生的年代正好是中国明代末期春宫画传播的顶峰。公认的浮世绘创始人菱川师宣(1618—1694)的《绘本风流绝畅图》应该是看了明代春宫画《风流绝畅图》之后作的,连取的名字也相同。编著《江户四十八手:浮世绘的色与恋》的作者白仓敬彦写道:"对师宣或者当时的人们来说,色恋本身便是一种喜悦的存在。"这是江户时代的种种浮华悦乐,既有泡汤、茶道、赏樱、观花、旅行等娱乐的快乐,也包括情欲的快乐。一个由娇媚的名妓舞伎、花街柳巷的爱情、风花雪月的吟咏构建起来的色恋感官王国。①

其三,日本浮世绘博物馆首任馆长酒井信夫认为,"浮世"并不是专指艳事和放荡生活,它在日语里是"船随风漂荡、人漂浮在世的感觉"。浮世绘有一种英文翻译是"Picture for feeling of excitement",指有生气、有朝气的感觉,绘画中的内容都是当时人们最时尚的生活,比如和服时装、艺伎表演。在江户时代,幕府在江户,地方的大名武士都到江户来述职,随后把江户的浮世绘带回去,地方妇女就会仿效浮世绘上的时尚。

浮世绘不仅仅是美术,它是江户时代风土人情最直观的写照。江户时代的红灯区不是所有人都能去的,所以画师通过这部分绘画让大家看那里的情形。在日本,带有春画性质的画册叫作"笑本",就是供大家消遣、逗乐用的,大家一边看一边笑。春画浮世绘只占

---

① 钟和晏,《恋恋浮世绘》,《三联生活周刊》,2007年第45期。

花街柳巷，歌舞艺伎，都在江户时代涌现出来。

浮世绘的1%或2%，剩下的都是风景画、美女画和演员画之类。艺伎在江户时代就是大明星，艺伎演出的票很贵，相当于现在的10万日元，并不是所有人都有机会看她们表演。画师把她们的演出画下来，这就是明星写真，其他人便能通过浮世绘欣赏到明星了。

有些商人还会用浮世绘的方式宣传介绍自己的餐馆或其他经营，如用作化妆品的广告、牙医的广告等。

酒井信夫是酒井邦男的祖父。酒井邦男与爷爷的看法相似："所谓浮世绘，就是浮在表面的这样一个世界。浮世绘的'绘'，是指图绘，'浮世'在英语里面被叫作'Ukiyoe'，意思是'浮在表面的一个世界'。'浮世'在日文中表达的是一个非常开心与欢乐的世界。"

浮世绘中的底层人士

浮世绘产生于江户时代，那是日本封建社会的末期，社会等级制度森严。随着城市文化的兴起，商人阶层掌握了大量财富，但是他们被歧视性地归为社会最底层——町人阶层。所谓町人，就是我们所说的市民。市民阶层崛起以后，产生了一种市民文化，这种文化表达了日本市民的情趣和审美，他们的精神追求以及对感官生活物质化狂热的追求。

在那个连砍头都会根据出身分成三六九等待遇的封建体制里，日本市民阶层在政治上没有出路，他们索性将内心的压抑、反叛转向娱乐生活，浮生若梦不如纸醉金迷，他们可以千金买笑，可狂可浪，这让浮世绘应时而生。

江户时代的浮世绘就是这个浮华世界的艺术表达。

过去，有人对日本存在这样一种市民文化给予负面的评价，事实上，市民阶层的崛起，代表着日本社会的未来，他们在日本工业化的过程中，最终成为社会的主体。因此，当我们回过头来看浮世绘，仍然能感到个性的张扬，平民的崛起，时代大步向前的冲击力和那种不管不顾的自信、轻松与狂热。

2

浮世绘起源于日本民间流行的言情小说插图。

酒井先生说："一开始，浮世绘都是由画家一张一张画出来的，后来由于城市化的发展，需要浮世绘的人越来越多，就变成了可以印刷的版画。一个名叫菱川师宣的人，将浮世绘从插图中独立成了单个绘本。"

菱川师宣所处的年代是浮世绘发展的最初阶段，他被公认为浮

铃木春信作品，他创造出了被称为锦绘的多重颜色木版画。

世绘创始人，但那时他的大多数作品都是单色，或者仅有两种颜色，以手印刷。随着版画印刷技术的进步，浮世绘变成了彩色。

初期的浮世绘叫作墨摺本，以黑色为主。之后，逐渐开始在墨摺本上增加色彩，最初是加红色，叫作丹绘或是红绘。后又增加了一点绿色，有的还会使用油漆，慢慢地，浮世绘色彩开始鲜艳起来，但还没有达到色彩特别丰富的程度。到了铃木春信①的时代，江户（东京）的艺术家生产出一种被称为"锦绘"的多色木版画。锦绘是受中国明清拱花印法的启发，拓印时在纸上压出一种浮雕式的印痕。铃木春信推动浮世绘雕刻师和印刷师的技术协作，发展了浮世绘的表现形式和技术。从他之后，浮世绘就被称为锦绘，意味着浮世绘达到了色彩非常鲜艳、非常美丽的境界。

如果按照内容划分，浮世绘大约可以分成八种：

一是美人画。以年轻美丽的女子为题材，主要是描绘游女、艺

---

① 铃木春信（1725？—1770），日本浮世绘早期代表人物，他推动浮世绘雕刻师和印刷师的技术协作，发展了浮世绘的表现形式。

伎或茶屋的女郎。

二是春宫画。这些画的作者一般不署名,有些是公开印刷发行的,有的只在非公开场合流行。

三是役者绘。以著名歌舞伎演员为题材,肖像画与广告传单的形式都有。

四是鸟羽绘。类似现代的漫画,得名自鸟羽僧正。他常常将人物的手足画得很长、很滑稽,属戏画的一种,因此现代的漫画在发展初期亦被称为鸟羽绘。

五是名所绘。描绘著名旅游景点、名川大山、江河湖海的风景画,除了满足当时没有迁徙和旅行自由的民众对名山秀水的憧憬,也作为旅行手册应用。

六是花鸟绘。以花、鸟、虫、鱼、兽为题材。

七是武者绘。以传说、传奇、历史小说中的武士为题材,中国的关公和赵子龙也在其中,但幕府规定不得绘制织田信长、丰臣秀吉[①]时代以后的武士。

八是带有实用功能的绘本。如亲人去世时用于追悼的肖像画的死绘,做防治天花及麻疹的护身符之用的疱疮绘、麻疹绘等。

浮世绘中影响力最广的,非春宫画莫属。根据日本学者的研究,

[①] 丰臣秀吉(1537—1598),著名政治家,号称统一日本的日本战国三英杰之一。贫苦农民家庭出身,本是下级步兵,后因侍奉织田信长而崛起。他建立了新的封建体制:确定士农工商的身份,奖励新兴工商业,扶植城市发展,实行兵农分离,保护佛教寺院,压制天主教的传布,开日后禁教锁国之先河。

浮世绘中的春宫画多为由十二帧图构成的组画，一些艳本又包含若干种春画，依此推测，春宫画的绝对数量应为万余种（套）。

春宫画又可以细分为枕绘、胜绘、濡绘、笑绘、秘画、秘戏画、偃息图、艳画、艳本等，以枕绘最为通俗。

说起春宫画，酒井先生不好意思地笑了："的确，几乎所有的浮世绘高手都是画春宫的高手。首先菱川师宣就是春宫画的高手，他的这些画成为了浮世绘的样本，后来的一些绘手都会把他的画当作蓝本进行春宫画的创作。日本法律规定，你个人愿意拥有这样的春画没有问题，但是不能够在公共场合做展示，画家也不敢把自己的名字写在春画上，如果写上去，很可能要被抓去进监牢的。"

浮世绘春画2013年在大英博物馆展出时，日本京都立命馆大学的石上阿希博士解释说："春宫图是一门深度艺术，和普通的情色画作不同。"她认为，在当时，这些作品很多时候都是供女性欣赏的，并取材于当时东京的红灯区。这些画作也被拿来作为未婚女性的性教材。

伦敦大学亚非学院的斯克里奇教授表示，和希腊式的美感不同，在东亚国家，被布料包覆着的人体似乎更为完美。"人们觉得华服比肌肤更加性感，露出皮肤只会让人联想到在街上打赤膊的工人，或者公共澡堂的情形。"

日本人对于女性之美，尤其是对某些部位的美会特别着迷。日本女性穿上和服时，喜欢把脖子和后背这两个地方刻意地露出来一点。女性这个部位的肤色也特别白润而且线条圆滑，有点像要脱衣服，实际上又没有脱的感觉，使浮世绘多了些"赤条条"的朦胧意味。

在江户时代的德川幕府统治下，权贵阶层的高雅文化艺术在庶民眼中是装腔作势，而文化艺术情欲化、世俗化是对统治阶层的软反抗。于是浮世绘和花街柳巷、歌舞艺伎都在这个时期涌现出来。自然，德川幕府不会坐视不管，他们将浮世绘列为"黄毒"来打压，但结果却是越禁越流行。

如果一个人，白日里谦恭有礼，日暮下放荡淫逸，他不会有道德上的不安，日本文化里并不把享乐与德行对立。浮世绘这种毫不遮掩、直接表达情色的态度，也被视为人性的解放。很多人会认为浮世绘是用纪实性的描述表现江户时代日本市民文化崛起后的情色放荡，把那些不堪入目的性爱场面看作是日本浮世绘的主流，甚至是它的主体。

酒井先生认为，在传统文化与商业文化的冲撞中，与其说这是一种流行趋势，倒不如说这是一种没有选择的选择。在庶民的世界里，绝不仅仅只是女色春宫，他们也有闲情雅趣，也有喜乐哀愁。而春宫画的浮世绘，是不能见诸大庭广众的，它属于一种私人性的收藏。在市场上进行交流和流通的浮世绘，多是反映市民生活方方面面风情的绘画，与情色毫无关系。

3

在浮世绘绵延 200 多年的历史中，每一代画匠都试图将自己的手艺打磨到登峰造极。虽然他们个个都毫无地位，甚至有伤风败俗的坏名声，但是他们从不轻视自己的职业，有的人甚至终其一生都在创作，无名无利也不后悔。在庶民阶层和市场的推动下，在一位位画匠的传承中，浮世绘由质朴的插图变成华美的单幅招贴，再由单色变成锦绘和组图，完成了一次又一次的蜕变。

浮世绘历史上，成就最高的有六位画师，他们是铃木春信、鸟居清长、喜多川歌麿、东洲斋写乐、葛饰北斋、歌川广重。

铃木春信是在浮世绘历史上做出过巨大贡献的一位画师。

在铃木春信创作的鼎盛时期，江户流行交换图画日历，这些日历在设计上和色彩的多样化上争奇斗艳，使彩色印刷实现了长足的进步。铃木春信首次在浮世绘上印刷出十种不同的颜色，因为很像美丽的织锦，所以被称为锦绘。铃木春信擅长画美女，他的作品多以茶女、歌舞伎为题材，所画的美人腰肢细瘦，手足纤巧，虽然眉目多以单线条勾画，但看上去楚楚动人、温情脉脉。此外，春信还经常在画中插入古诗，呈现出韵律，被称为春信式。铃木春信是位非常勤奋的画师，虽然只活到 45 岁，却创作了 600 多套木版画，而且这些画大都是在他生命的最后 6 年完成的。

铃木春信作品

出身于武士家庭的鸟居清长(1735—1785)是浮世绘"鸟居派"的第四代传人。鸟居家族开始是作为"世袭画家"为歌舞伎剧院画广告牌的,因为"鸟居派"和剧场结聚着特殊的经济关系,他们成为歌舞伎画界独占鳌头的势力,当时江户居民疯狂迷恋的当红演员,大多依赖"鸟居派"创始人鸟居清信父子的彩版画提高知名度。鸟居清信画中的人物有大腿结实粗壮的特色,被戏称为"葫芦腿",画中具有装饰作用的曲线被称为"蚯蚓线"。鸟居清长学习绘画不久就放弃了本画派的传统,追随其师鸟居清满学画仕女。从此,鸟居清长笔下的女性形象有一种武士般英姿飒爽的感觉,画中的美女体态秀丽匀称,外表文雅端正。《雨中三美人》是酒井先生收藏的鸟居清长的一张闻名世界的浮世绘:三位高挑的仕女身着华美的和服,足蹬木屐,两张油纸伞举在半空,她们在雨中擦肩而过,似嗔似怨,亦喜亦悲,诗意盎然。

作为一位技术精湛的画家,鸟居清长并不满足纸张对锦绘尺寸的限制,第一个设想将几张纸平行和垂直地拼合起来,以获得巨型

鸟居清长《雨中三美人》

的构图,而每一小部分都自成一图,这就是所谓"续物"。这应该是广告画浮世绘给他的启发。

喜多川歌麿(1754—1806)是一位非常受欧洲人追捧的浮世绘大师,是"大首绘"的首创者。他将浮世绘美人画的精湛技艺推向了一个高峰,留下了许多优秀作品。

歌麿四五岁时就显示出了极高的绘画天赋,他的老师在介绍他时写道:"以写心之笔为骨法之画为其画法,今门人歌麿写草虫之神气,为心画也。"

歌麿之前的浮世绘画家,多是画漂亮且有名的女性。到了歌麿

喜多川歌麿《哺婴母亲》《活动》《山姥与金太郎》(从左至右)

这里，画风一转，女性题材一下子开阔起来，风情万种的歌舞伎，厨房中忙碌的女子，哺乳的女人，躲雨的农妇……他的笔

《妇人相学十体·相见》

《妇女人相十品·相观》

画出了许许多多普通劳动妇女之美，并对后世的画家影响深远。

歌麿在39岁之后才真正成名，《妇人相学十体》和《妇女人相十品》系列是他的代表作。这些画作中的人物均以半身像形式出现，与此前的全身像形成鲜明对比，这是美人画的新样式，被称为"大首绘"。大首绘相当于现在的"大头贴"，指有脸部特写的半身胸像。歌麿用纤细抒情的笔法画出女性袒露的细嫩肌肤，极力表现肉体的柔软与弹性，产生吹弹可破的视觉效果。他一反传统的线描法，以颜色本身来替代线描轮廓，色彩结构极为简练，省略了间色繁复的背景，以单纯平坦的套色手法渲染理想美人的表情、姿态与时代感。这是喜多川歌麿对浮世绘版画的最伟大的贡献。酒井先生着重向我介绍了《北国五色墨·上唇妆的花魁》，这是最著名的大首绘作品。那行云流水般的线条和色彩把美丽的女性形象表现得尽善尽美。

张爱玲在《忘不了的画》中谈到喜多川歌麿的作品："《青楼十二时》里我只记得丑时的一张，深宵的女人换上家用的木屐，一只手握着一炷香，香头飘出细细的烟。她立在那里，像是太高，低垂的颈子太细，太长，还没踏到木屐上的小白脚又小得不适合，然而她确实知道她是被爱着的，虽然那时候只有她一个人在那里。因为心定，

子刻

丑刻

寅刻

卯刻

辰刻

巳刻

午刻

未刻

申刻

酉刻

戌刻

亥刻

喜多川歌麿《青楼十二时》

喜多川歌麿《契情三人醉》

夜显得更静了，也更悠久。"

美人画从大首绘到役者绘，喜多川歌麿的创新功不可没。

歌麿58岁的时候，进入艺术创作的辉煌时期，他开始狂傲起来。1804年，他的锦绘《太阁洛东五妻游观》，被认为有毁谤将军之嫌，因此得罪幕府，他被捕入狱并处以枷手50天的刑罚。出狱后，许多出版商似乎预感到一代大师来日无多，纷纷向他发出订单，在心力交瘁和劳作疲惫的双重压力之下，喜多川歌麿在1806年6月20日黯然离世。

与喜多川歌麿同一时期出现的东洲斋写乐是一位专门画戏剧人物的大师。

东洲斋写乐到底是谁？这是日本绘画界的一大悬案。他似乎是一颗彗星，在浮世绘的天空中只出现了短短10个月。他以极快的速度连续发表140多幅作品后便销声匿迹，只留下世人的猜测与惊叹。由于东洲斋写乐的作品全部由出版商茑屋重三郎包办经销，因此茑屋重三郎是唯一知道内情的人，但这个秘密随着他在1797年突然染病身亡而宣告无解。

东洲斋写乐笔下的戏剧人物，与浮世绘的典雅和华丽之美完全相反，人物夸张、戏谑、表情怪诞、鹰钩鼻、大下巴，有的翻白眼，有的撇着嘴，露出惊愕、犹豫、淡漠的神情。和喜多川歌麿一样，写乐也属于创造性极强的画师。所不同的是，他剑走偏锋，带有非常强烈的个人感受，极力捕捉掩藏在浮华之下的滑稽荒诞，显示出别具一格的天纵才情。

歌舞伎演员们当然都希望自己出现在浮世绘上的形象完美漂亮，而东洲斋写乐的画作如此大胆夸张地强调人物的面部特征，以"丑"为美，给当时看惯了"五官端正"的审美观带来了强烈冲击。演员们很不以为然，评论家们也对他进行了批评，迫使他改进。写乐后

东洲斋写乐作品

期的画作开始画演员的全身像,再后来,连舞台背景也在绘画中出现了。一般评论家认为这是写乐在无奈之中向世俗妥协的表现,也导致了他画风的退步。

无论如何,我们都应该感谢东洲斋写乐,因为他的出现和极端的画风,使浮世绘出现了新的表现方法与激情。东洲斋写乐对后人的影响也十分了得,一般认为,他是日本漫画的老祖宗。直到今天,仍有漫画家临摹他的画。

在浮世绘发展的后期,风景成为绘画的重点。

风景画的大师是葛饰北斋和歌川广重。

葛饰北斋(1760—1849)被称为绘画狂人,他是一位具有革命意义的风景画画匠。在他的时代,他从来没有被称为艺术家,只是一介匠人,靠卖画换一份口粮。学徒时,他的师傅认为他"入旁门左道",将他逐出师门。为生活所迫,葛饰北斋为人画过灯笼、团扇,还当过

葛饰北斋

走街串巷的小贩。他所做的一切都是为了能继续画画。他深信:一个人只要做好分内事,历史自会选择那些值得留下的东西。

葛饰北斋的传世之作中,最负盛名的有两幅,一幅是《富岳三十六景》中的《神奈川冲浪里》,另一幅是《飞越边境的吊桥》。

葛饰北斋《神奈川冲浪里》

图片来源：北京易图购数码科技有限公司／提供版权

《神奈川冲浪里》是世界最知名的日本绘画作品。在滔天的巨浪中，三只小船如现在的冲浪运动员一样，从巨浪卷起形成的水洞中疾驶而过，漫天碧浪与纷纷下落的水滴动感极强，与紧紧趴在船上的船夫之静和远处的富士山之静形成鲜明对比。

《飞越边境的吊桥》描绘的是连接"飞骅"和"中越"两个地区的一座没有扶手的吊桥，樵夫身背柴草走在前面，他的妻子跟在后面，两人把桥压得弯弯的。崖高千仞，树底云飞，远处有大雁凌空，前面有小鹿吃草，画面张弛有度，构思精巧。

酒井先生告诉我，当时的日本浮世绘风景画之所以是三十六景、五十二景等连环式，首先是出于商业性的目的，如果你只画一张，可能很快就被湮没了，一幅连着一幅出现，商人就能连着卖下去，画家自己也能够成名。日本人比较喜欢的一些数字可能是源于中国，好像一讲到数字，就是十六、三十六……

葛饰北斋是一位长寿的浮世绘画匠，虽然活到了90多岁，却一辈子居无定所,不断地搬家。大约在他七八十岁的时候,一位知名的收藏家想收藏他的一幅画,当收藏家到他居所看他作画的样子,禁不住放声大哭,因为这位声名显赫的画匠桌子上一片空白,穷得连个砚台也置办不起。

歌川广重(1797—1858)是一位低级武士家庭出身的画师。年轻时他尝试了各种不同形式的版画,35岁时,他有机会跟随幕府向天皇进献良马的队伍,沿东海道从江户走到了京都。东海道沿途共有53个驿站,歌川广重画出了套图《东海道五十三次》(共55张),由此形成了他的风格,笔致秀丽,色彩和谐,充满诗意。其中的《庄野白雨》最为著名:狂风骤雨从天而降,往来于山坡上的路人在如注

歌川广重《庄野白雨》

的白色雨幕和狂风中拔脚狂奔，有的人连雨伞都不敢撑开；远山上高高的竹林被吹得弯下腰去，两组竹林的剪影一深一浅，增加了画面的纵深感和紧张感。

歌川广重享有的名声似乎比葛饰北斋大，他的画作固定了日本风景画描绘的三个主要元素：雪景，花卉和月色。

4

19世纪下半叶，起源于法国的印象派画家迎来了他们的黄金时代，印象派开始影响整个欧洲，并逐渐传播到世界各地。

西方印象派的产生与浮世绘关系紧密。印象派画家画的画，就像是用油画画出的欧洲浮世绘。

当时的欧洲，许多国家都产生了一种新风潮——日本风情。像雨果一样的贵族们，喜欢穿日本和服样式的睡衣，而这种由贵族带起的时尚风潮，也风靡到了欧洲的寻常百姓家。法国的众多文艺青年，特别是印象派画家莫奈、马奈、梵·高等，无不受到浮世绘画风的启发和影响。

浮世绘作为表现市民生活的风情画，老百姓所享受的生活的快乐与喜悦，被展现得淋漓尽致。而那时的欧洲，主流作品都是严肃的宗教画和肖像画，反映市民生活喜怒哀乐的画几乎没有。

浮世绘传入欧洲的契机是日本的陶瓷器出口到欧洲。陶瓷器都是用很柔软的盒子包装，盒子上所用的就是浮世绘版画图。当欧洲人拿到瓷器后,除了感叹东方瓷器的精美,更惊讶于包装盒上面的这些浮世绘版画,这些与他们的画风、流派截然不同的艺术作品,在欧洲人眼里充满了新鲜感。浮世绘对世界艺术史最重要的一个贡献就是,它成了欧洲现代主义美术运动的重要推动力量。

早期的浮世绘和欧洲绘画一样,也曾经特别注重阴影的表现,比如人物的背后皆有影子,山也有山的影子。随着时代的发展,很多画家认为没有必要再画影子了,这样影子就渐渐地消失了,浮世绘就成了一种平面图画。

日本的浮世绘来到欧洲时,产生了一个新词"日文主义"(Japanese)。浮世绘这种单色的、平图的绘画风格也被印象派画家所模仿,以至于后来欧洲的绘画逐渐开始去除阴影,走向平面化。

由于浮世绘要在一张画里面把所要表达的东西都画进去,所以它并不太受所谓三维空间这种透视观念的约束,如歌川广重就大胆尝试了透视法、俯瞰视角等手法,使画面出现一种比较自由宽泛的空间关系。西方的画家受到启发,纷纷效仿。据说莫奈的《睡莲池和日本桥》就是受歌川广重《龟户天神境内》的影响;詹姆斯·惠斯勒的《老巴特西桥》则是受广重《京桥竹岸》的影响。印象派也慢慢在绘画中放弃了三维透视。

为后人瞩目的印象派画家都承认自己喝过浮世绘的奶,尤其是19世纪后半叶的法国,几乎所有重要的画家都为浮世绘着迷,可以说浮世绘给法国的印象派带来了强烈的震撼和冲击:原来绘画还可以用如此鲜艳多姿的色彩来描绘日常生活的方方面面。

莫奈把他在吉维尼的花园完全仿造成日式风格，在这个花园里，他的工作室、起居室、餐厅，甚至楼梯的过道和墙面，没有一张油画，全部贴满了浮世绘图画。

梵·高生前穷困潦倒，靠他弟弟接济过活。虽然浮世绘作品在当时的欧洲售价非常便宜，只凭两个法郎就能买到一张，但对于连吃饭都成问题的梵·高而言，每一幅浮世绘都要倾其所有。让人不可思议的是，他居然狂热到收藏了200多张浮世绘作品。

梵·高在日记里这样写道："说我们是光的画家，这是你们对我们的不了解，大意了。说我们喜欢浮世绘，这是对我们的看不起，浮世绘就是我们的信仰。"

梵·高最有代表性的作品《星空》，处处可见浮世绘的影子。他生前大量临摹过浮世绘，如今他的这些临摹作品散落在全世界的各个博物馆，成为珍品。

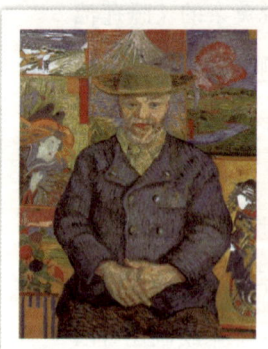
印象派画家梵·高

梵·高临摹的浮世绘

梵·高《星空》

5

浮世绘与中国也有着千丝万缕的联系。它与中国的年画相似，有着大红配大绿的大俗，也有大俗文化现象中的"大雅"。最关键的是，它的艺术表现和技法源于中国。

浮世绘根植于中国明末清初的版画，那时候的版画是为了配合书籍的出版，作为书中的插图而出现。

浮世绘的兴起与一本叫《芥子园画谱》的书关联重大。葛饰北斋称，"我就是《芥子园画谱》养大的。"

《芥子园画谱》成书于明末清初，至今有 300 多年的历史。它是一部中国传统绘画的经典课本，演绎成大白话就叫无字书。一个外国学者可能要花半生的精力才能把《论语》的精妙之处领悟出来，而《芥子园画谱》这本无字书，从中国文盲老太婆到不懂汉语的欧洲人，包括大文豪雨果，都能看得赏心悦目。

世界各地都有《芥子园画谱》的衍生品。

在奥地利皇宫的墙壁上，竟然画有很多东方风格的竹子，而这些竹子完全是当地的工匠们随手将《芥子园画谱》上的竹子临摹到国王的墙壁上去的。

在英国国王的卧室里，也有模仿《芥子园画谱》里的牡丹、梅花的画作。

几百年前，《芥子园画谱》的传播"满载而归"，成为一个文化输出的成功范例。

歌川国芳绘水浒豪杰　　歌川国芳描绘不同的人物眼神

浮世绘的很多内容也是直接从中国取材。被誉为浮世绘最后一位天才画家的歌川国芳，就以中国水浒的一百单八将为题材，将男子汉闯江湖的豪情表现得栩栩如生。

随着江户时代的结束，工业文明的兴起，西方文化的侵入，浮世绘也走上了衰落之路，当年备受尊敬的浮世绘画师已经成为一纸传说。但是，世事的轮回就这么奇妙，今天，浮世绘因稀少而变得昂贵，一件浮世绘珍品会被拍卖到10万美元以上。酒井家族的日本浮世绘博物馆虽然得不到政府特别的财力支持，但他们依靠门票、浮世绘明信片和普通的收藏品出售也能收支平衡。浮世绘博物馆的网站吸引了许多年轻人的目光，他们自己印贺年卡时，会选择时尚的浮世绘画面，一些家居装饰也流行印着浮世绘的壁纸。①更让人欣喜的是，许多日本的动漫作品和电脑游戏里都有浮世绘的影子。

浮世绘的另一个春天也许正在开启。

---

① 张薇：《专访日本浮世绘博物馆馆长酒井信夫》，《青年周末》2007年11月23日。

漆器

木 做 的 日 本

匠人最典型的气质是,对自己的手艺拥有一种近似于自负的自尊心,并为此不厌其烦、不惜代价,但求做到精益求精,完美,再完美。

"一个真正的匠人至少要经过10年以上时间的学习和历练,才能够独立地制作作品。"——西胜广

有人说中国是土做的，"china"的意思是瓷器；而日本是木做的，"japan"的意思是漆器，漆器之胎为木，漆也取自木中，漆器表面光泽细润，"japan"也因此成为日本之美的代名词。

正如瓷器在中国文化和中国的工艺中具有崇高地位一样，漆器在日本文化和日本的工艺中也具有不可撼动的地位，漆器已成为日本的代名词，它代表日本文化特有的精神和气质。

对于一个日本人来说，早晨起来喝下盛装在漆碗里的早粥，可以令他一整天充满活力。日本作家谷崎润一郎说："漆器给手的感觉是轻、柔，近耳旁亦几不出声；我手捧盛汤的漆碗时，掌中承受汤之重量与温暖的感觉，甚感欢喜，正如支撑刚出生不久的婴儿的肉体。"

日本还有一句古语，食物好不好，先看餐具。制作一只漆碗，要经过将近120道工序。一只碗造型考究，不事雕琢，一看即知它来自最稳定的手，最沉静的心。这样的漆碗，哪怕是过了100年都还能用。

1

我来到日本石川县北部的小城轮岛，去寻找一位名叫西胜广的漆匠。

轮岛在能登半岛的最北端，面向日本海。因为有着天然良港，这里水产业发达，每天这个城市都是在早市的叫卖声中苏醒的，历史学家说，轮岛的早市有上千年的历史。早市上排满了贩卖新鲜海鲜、干货、蔬菜的地摊，叫卖声此起彼伏，人群熙熙攘攘，将道路挤得水泄不通。有趣的是，我在这里的摊位上也看到了各种漆器。

原来，漆器这种在我看来很高贵的东西也是可以上早市来卖的。

轮岛是著名的"轮岛涂"生产地，是日本漆艺的重要代表。轮岛涂有两个重要特点：一是特别坚固耐用。由于这种漆器主要用于平民的祭典等活动，所以轮岛涂的漆料里使用了轮岛出产的优质硅藻土，使其底胎特别结实。二是在漆器表面绘制纤密精美的纹样图案时，采用的"沉金"①"莳绘"②等装饰技法，使其显示出别样的美丽。

---

① 沉金，在髹涂好的漆器表面刻出纹样，并填埋金银粉，称为沉金（戗金）。

② 莳绘，被认为是日本所独有的技法，方法是在漆器的表面用漆描绘纹样、文字等，漆未干之时在纹样的部分撒上金粉或银粉等金属粉，使其干燥固定形成装饰。

轮岛涂漆器的历史大约有700多年，考古出土的轮岛涂漆碗距今已经500年了。轮岛人与漆器如此紧密地相互依存，已经成为不可分割的一个整体。

轮岛市大街小巷里散布着很多家漆器作坊，西胜广的作坊并不起眼。而西胜广本人也是一位名气并不大，但对漆艺非常执着的匠人。

轮岛涂漆艺继承者西胜广

西胜广50多岁，穿件纯棉的格子衬衣，身体像农人一样壮实。他的卧室兼工作坊里，挂着他的书法作品，《新星》《夏日流星》等，虽然写得算不上好，但可以看出他的认真。

西胜广的故乡并不在轮岛，家族世世代代都在山沟里从事农业。小时候他来轮岛玩，一下子被漆器的美震撼了。高中毕业后，他来到轮岛，学习漆器制作，研究漆器的发展历史，并定居在这里，成为一名漆器职人。

西胜广在轮岛花了3年多的时间拜师学艺，之后成为一名独立的漆艺匠人。从出师到能够以这门手艺养家糊口，他又花了5年的时间。

我请教西胜广，日本自古以来就有很多优秀的匠人，是不是因为日本文化对匠人给予了很高的礼遇，从而使他们能够在社会上活

75

得很体面，收入也不错呢？

西胜广点头说："确实是这样。其实我本人也不是出生在一个富裕的家庭，从小我父亲就对我说，你一定要掌握一门手艺，才能生存下去。我能够获得成功，可以追溯到我学艺的阶段，一大早起来开始工作，晚上工作到很晚，一年四季几乎都是这样，我估计所有的匠人都是这样的。努力、积极、向上的精神是学艺过程中最重要的，一直到现在我还是这样。现在的年轻人都愿意去学校学习，不愿意跟着某一个师傅去学。因为在师傅那儿学会非常辛苦，你在师傅的门下，不仅要学手艺，还要干很多杂七杂八的活儿，但是我认为正是这种杂七杂八的工作才能够培养出一名真正的工匠。为什么呢？因为工匠只有在一个艰辛的环境中成长起来，才会有一种坚韧不拔

的精神。在学校可能会比在工匠身边学习轻松很多，如果有机会的话，马上就能出名。但是我认为在经济繁荣的情况下，你能够做到这一点，一旦经济萧条，像这样的人很难生存下去。"

西胜广的师傅今年已经95岁了，至今还坚持在现场从事漆器的制作。西胜广非常崇拜自己的老师，他把自

己学艺的过程称为"修行"。西胜广的师傅叫三顾无一，三顾无一的门下培养出了沉金大师前大峰①，这些大师共同崇拜的是一位叫作松田权六的漆匠。

松田权六1896年出生于石川县金泽市，从小就跟随兄长学习漆艺，之后又在东京美术学校深造。23岁时，他创作了一件充满青春活力的"草花鸟兽纹莳绘手箱"，被研究者称为日本近现代漆艺承前启后的里程碑。松田权六还自制了一种"铜线笔法"，在漆表面将干之际，以快速流畅的笔触，一气呵成，使描画出的动物活灵活现，栩栩如生。他被业内的漆工匠人封为"漆圣"。

西胜广认为自己的运气非常好，自己学艺的年代正好赶上了经济繁荣，社会上对漆器的需求量比较大，所以他用了8年时间学艺就能自立门户从事漆器制作了。

西胜广特别难忘的是学艺结束的毕业仪式上师傅对他说的两句话，一句是，你的学艺已经完成了，你可以独当一面了。另一句是，我承认我们之间的师徒关系，你已经可以进入我这个流派，成为漆艺这个流派的一员。西胜广说："这是40年以前的事了，是我一生当中最美好的回忆。"

随着年龄的增长，西胜广由衷地期望漆艺能够后继有人："这么多年来，我从来没有放松过。我希望培养更多的能够继承这个工艺的年轻人，把我从师傅那儿继承来的东西传承给我的下一代。我希

---

① 前大峰，被誉为日本"人间国宝"。

望我自己就是漆师的一个模范和榜样，富有忍耐性，坚韧不拔。在我的学生中，有一些来自国外的年轻人，他们一边要克服语言障碍，一边要学习漆器的技术，我比较佩服他们，同时我也真心地希望他们能够掌握轮岛涂的技术。把艺术的美传播给世界，这是我的使命，因为我的师傅就是这样教我的。如今，在互联网上就能检索到我的名字还有我的作品，我也由衷地希望更多的人到我这儿来学习，我会把我的技艺传承给后代。"

2

制作一个完美的轮岛涂漆碗一共要经过120多道工序，涂上超过100层的漆，需要半年到一年时间。

制作漆器的过程中，西胜广一直在思考一个问题，轮岛的漆器究竟是什么时候从中国传来的？他像一个人渴望了解自己的祖先一样，对轮岛漆器的历史源头充满好奇。根据他的研究，轮岛这个地方开始盛行漆器，是江户时代中期。

史籍记载，公元前200年，中国漆艺流传至日本，由于当时的日本对来自中国的工艺抱有崇敬之情，加之日本天然漆资源丰富，日本的漆器生产渐渐形成体系，发展出了一些独具日本风格的漆艺。奈良时代后，经由日本漆艺工匠改良的漆器多以金、银作为装饰花纹，工匠们将金、银屑混入漆液中，使器物显示出金银色泽，极尽华贵。公元10世纪后，初步成形的莳绘漆器回流中国，受到了中国皇帝的喜爱和民间的热捧，成为日本漆器后来居上的原因。

西胜广是沉金技艺的传承者。他刚到轮岛的时候，从事沉金行业的只有很少的几家，如今整个轮岛的漆器都以沉金为主要特色，成为一个享有盛名的产业。

沉金

在日本的漆艺中，沉金是轮岛独一无二的技法，也可以说是难度最高的技法。

沉金又称枪金、戗金，是用非常精细的工具在已经完成的漆器上一点一点地刻出图案，再往图案上埋入金粉的装饰技法。

几百年来，随着人们审美情趣的变化，沉金的技术也不断发展。以前的沉金工艺全部是用黄金粉，色彩比较单一，现在漆匠们开始使用白金这种新的金属，他们还会在金粉中掺一些绿色、红色的颜料，使漆器色彩更加多样化，图案的表现力和感染力有了大幅的进步。

沉金技法的最大特点是可以把飞禽走兽的神态和蓬松的羽毛活灵活现地表现出来。中国的苏绣和湘绣讲究的是，在绣老虎或小猫这样的动物时能把它们身上的毛一根一根地全部绣出来，日本漆器沉金的效果与苏绣和湘绣异曲同工，同样能纤毫毕现，细致入微。所不同的是，绣女用的是丝线，而漆匠用的是金粉。

沉金的难度很高，需要极大的耐心。

轮岛涂上那种极细的线刻，被称为"细纹雕刻"。把金粉撒进细线里的难度相当高，要求匠人们必须具有非常精湛的技艺。即使在

轮岛这样以制作漆器闻名的地方,能够真正掌握沉金技法的人也并不多。为了掌握沉金的技艺,西胜广付出了常人难以想象的努力。

锻炼一位匠人的耐心与沉着,就让他去练习刻点与刻线。

西胜广说:"刻点就像点'珍珠蒂',无数个点啊,要一个一个地点,密密麻麻;刻线看似简单,好像一笔一笔简单地刻出小细线来就行了,实际上每一根线的转折,包括头尾的轻重,都要像一滴小水珠那样轻轻甩出去。无数富有弹性的线和点,最后才能拼出一片完整生动的花叶。这就是点和线的艺术。

"制作作品的时候是不允许失败的,所以,为了每一件作品都必须成功,我需要不断地在练习作品上训练,这种极端的刻苦训练对于匠人来说不可缺少。

"基本功练习非常不简单,它是每一位漆器匠人学徒时期必做的功课,也是检验漆匠功底的唯一标准。"

西胜广在平时的练习中,是把刻线和刻点分开来练习的。比如,一串葡萄全部都是线,是由各种各样的直线、弧线、曲线组成的;而大海的波浪看上去像是一根一根的弧线,其实是由无数个细小的点构成的……

西胜广说:"比如在漆器上刻一只小猫,我至少要在猫身上画几万根比真毛还细的毛。人们从远处看这只小猫,会以为猫鼻子上的

那片白色是漆上去的，可是仔细看的话，你会发现，猫鼻子是由无数根极细极细的小绒毛组合而成的。

"金粉要磨得极细，如果不戴口罩，呼吸都会影响到作品的质量。

"能够在极细的线里将金粉埋进去，这样的绝活，在轮岛也许只有我一个人有。这些成就的取得，除了师傅的教授之外，自己若不刻苦钻研和努力练习是不可想象的。匠人从年轻时开始积累功底，经过长年坚持不懈的努力，才可以真正地拥有一门手艺。所以，一个真正的沉金匠人，一定是到了相当的年龄后才能做出好的作品。"

当客户委托西胜广制作一般的漆器时，他会很快做好拿给他们，而像"猫"这样的作品，则需要数年的心血才能完成。西胜广解释说，因为是根据自己的兴趣爱好，带着愉快的心情来做的，制作漆器的过程虽然漫长，却并不痛苦，是一件非常幸福的事情。

3

制作漆器必须要有漆树和生漆。整个日本的漆器产业十分依赖中国的生漆，每年都要从中国进口大量生漆。近年来，为了解决生漆的自给，日本也开始种植漆树。

制作漆器首先从天然的漆树上面割漆，割漆的工人就是每天背着漆桶，用漆刀、刮刀、蚌壳等专用工具把漆树割破，漆树里的树脂就会缓缓流到漆桶里，再经过一个又一个复杂的过程，最终调成我们所说的大漆。

有了漆以后，才能开始做漆器。做漆器的坯胎，叫木胎，但并不是直接在木胎上面涂大漆，需要先在木胎上涂一层抹灰，然后才可以往上面抹漆。经过一层一层地涂抹，从木胎到成品，一只锃光发亮、黑里透红、红里透黑的漆器就诞生了。

精心制作一只沙锣图案的漆盒，需要很多道工序以及不同工匠的相互配合。

首先，漆器的坯胎需要选用一种很轻的木材，通常采用天然的槐树木，经过固定形状、涂灰、上漆、修漆，最后还要在漆盒上描绘出装饰用的图案，经过种种工序和不同匠人的分工合作才能最终完成这件作品。

如今，木胎的原料、磨炭、毛刷等各种天然的原材料越来越难以获得，再加上日本社会老龄化的发展，使得今天的日本漆器制作业的处境越来越严峻，所面临的危机和挑战也越来越大。

在东京这样的大城市，工匠的缺失很难使一件漆器顺利完成。而在轮岛，从坯胎的制作到涂灰、修漆一直到最后的修饰、装饰，各类工匠人才都要聚在一起；从天然木材的选料到最后作品的完成，每一位参与漆器制作的工匠，形成一条完整的流水线，保证了漆器作品的顺利出炉。

西胜广负责最后的装饰工序——为漆器进行彩绘，这是漆器生产线最后一个环节。他年轻的时候曾在漆器工艺学校研究所学过漆器制作的完整工序，所以从设计开始、涂灰、上漆、修漆一直到最后的彩绘，他都可以独立地完成。一个人完成制作漆器的全过程，是非常了不起的。在很多国家或地区，完成一件漆器作品，大都依靠分工合作的方式。

从最初的设计到最后的装饰加工，西胜广在兼顾传统的同时，会不断地融入一些新式的、符合现代人趣味的设计元素。他的作品构图时尚，呈现出一种光影交错的效果，让人感到很温馨。比如日常用的碗筷、箱子等漆器的设计，因形状简单，技术含量不高，很难创新，但他经常会冥思苦想，改良那些传统的设计，使之更具现代感。比如，他看到年轻人更喜欢喝洋酒而不是清酒，他所设计的酒具形状，就特别贴近年轻人的审美和喜好。

在西胜广的作品里，表现最多的是自然之美。这些美

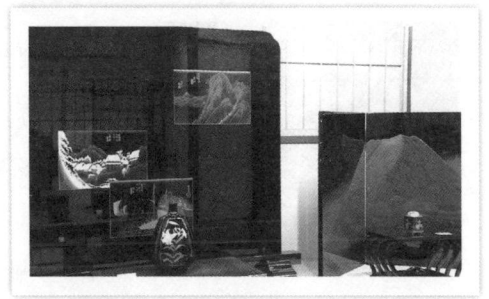

源自于他的生活空间，比如路边盛开的野花、院子里亲手栽的树……西胜广很容易被这些身边的大自然景物所感动，他就将自己的感悟描绘在自己的每一件作品里。

西胜广说，自己从没有想过要得到什么名分和荣誉，只不过是想把自己追求的境界拼命地表达出来。

4

在日本，从寿司师傅到武士刀铸造师，虽然"外壳"不同，但核心气质却是一样的：他们都是匠人。匠人最典型的气质是，对自己的手艺拥有一种近似于自负的自尊心，并为此不厌其烦、不惜代价，但求做到精益求精，完美，再完美。

我问西胜广，制作漆器最大的成本是什么？他说，是时间。

西胜广说："漆匠要能够忍受寂寞，具有一种非同寻常的人格力量。因为有时候花费几年时间完成的作品并不能得到社会的认可，也得不到报酬，你依然要坚守。并不是所有学习漆艺的人都能成为真正的匠人。一个真正的匠人至少要经过10年以上时间的学习和历练，才能够独立地制作作品。有很多人没有坚持下来，中途放弃了。"

我指着西胜广的一件作品问道："就拿您制作的这个盒子来说，从做

木胎到上灰，从上第一道漆到上最后一道漆，然后再用沉金的方法进行绘图，大概要花多长时间才能完成？"

面对这个问题，西胜广有些惆怅。他挠了挠头说："其实说实话，制作这样一件作品要花的时间真的赶不上时代的步伐。为什么呢？首先，设计图是可以很快画出来的，但是要找到合格的木材非常困难，要花好长的时间，付出很多的努力。木材找到后，要把它做成现在这个形状，也要花很长的时间，因为天然的木材里面含有水分，容易变形，因此我们大约要花三年时间把它放在太阳底下晒，自然晾干。因为是天然的木头，盒子在上灰、涂漆的过程当中，还会有细微的变形，还要不断地去修复。也就是说，我至少要花三年时间才能完成一个盒子的制作。但是在现在这个时代是等不及的，不会允许我花那么长的时间去做一件合格的作品，这是我的危机感所在。"

西先生制作一件轮岛涂漆器，会花费好几年时间。

"经过如此漫长的寻找,如此漫长的制作,像这样一个盒子,应该说是无价之宝了。请问,目前这样的作品在日本大概能卖多少钱?"

"我最近几年的作品,大半都放在自己身边,没有拿出去卖,因为像这样的作品,如果不受到社会的瞩目,不出名的话,是卖不出什么价格的。正如您所说的,它是一个无价之宝,所以我并不想把它拿到市场上去卖,我宁可把它放在我的身边。我觉得它的价值不是金钱能衡量的,比如现在我把它拿给您看,请您抚摸一下它,这就是它的价值。这样的一件作品,可能今后没有任何人能够再做出来了,这也是它的价值。"

西胜广说这些话的时候,有些无奈,但更多的是一种近乎固执的自信。

轮岛的漆艺需要的就是这样的人。

西先生轮岛涂作品

心血之作难以达到它应有的价值,是西先生的一个遗憾。

5

20年前,西胜广曾经来到中国昆明。当时他携带着一大套沉金的工具,到那儿进行实地雕金演示。

昆明的气候、饮食和花花草草与日本相似,使西胜广对这座城市有了一种天然的亲近感。

最令他吃惊的是秀丽的石林、拥挤的人群和街面上各种规模宏大的建筑。"我想,如果我再去中国,成都和扬州这两个城市是必去的,它们在中国漆器几千年的发展史上,都有着重要地位,值得我去学习。20年前我第一次来中国时,并不知道水墨画是源自中国的。在我实际演示雕金的时候,需要先把画上的原图复画在器具上,然后再按照这个线图来描和刻。当我拿出水墨后,才发现原来中国的水墨画是如此高深、精湛。由于我的浅学薄才,当时留下很多遗憾。所以,回到日本后我发誓要好好学习水墨画,当我有机会再去中国的时候,就可以更好地展示我的沉金漆器作品上的水墨画。"

西胜广拿出一个本子,上面有他在学艺期间的各种练习作品,大多是灵感一现时速记下来的小画。轮岛的漆匠有保留"练习作业"的传统,西胜广崇敬的师匠松田权六就有一本《图案日记》传世,他长久以来一直坚持一日一记,一旦脑海中浮现出什么图案,就马上记录到本子上。每天不间断的绘画日志成了松田权六灵感的源泉。

也许西胜广的"练习作业"是对业内高人的一种模仿,但翻看这本"练习作业",西胜广的不凡功力在作业中已经逐渐展露。

日本的匠人喜欢把自己的工坊与家庭连为一体。

西胜广的家是一个四世同堂的大家庭，他经常要一边工作，一边照看玩耍的孙子孙女和高龄的老母亲。

孩子们就是在这样一种家庭氛围里成长和受益。家里平时使用的都是漆器的碗筷，孩子们平时看到的也都是各种各样的漆器制品。因此，孩子们从小对美就有一种憧憬和想象，在潜移默化中，被培养出了一种特有的审美观。

西胜广说："这种传统氛围培养出的孩子，会遇事不慌，待人接物沉稳自若。孩子们身上的特质体现着一种审美的积累，是从工艺美术当中汲取的一种养分。如果把这样的小事放到一个很高的高度来看的话，这一定是代表了一种日本特有的精神。"

6

带着轮岛匠人对漆艺传承的努力以及对未来的担忧，我离开轮岛，前往东京附近的埼玉县，去寻找一个代代相传、闻名世界的漆艺家族，去了解在飞速发展的时代，缓慢的日本匠人如何自处，又是如何用自己的方式让古老的手艺在当代社会中传承。

日本埼玉县小川町，是漆艺大师三田村有纯的故乡。三田村家族自1701年便开始从事漆器的制作，算上他的儿子辈，至今已有十一代了。

东京，古称江户。日剧里有句常见的口头禅"我们都是江户人"，表达的是一种地域优越感，类似于上海人动辄会说"阿拉上海人"，北京人会来句"嘿，爷祖上也是旗人"。在日本，被称为江户人有一个基本条件，就是至少连续三代都是在东京长大。三田村家族在东京生活了300多年，所以他们是理所当然的"江户人"。

日本漆艺大师三田村有纯

三田村家族的漆艺属于赤冢派，这是日本漆艺最古老的派别之一。

在三田村有纯家，摆放着家族历代匠人们制作的漆器作品，在这些陈列的作品中，一张照片引起了我的注意：赤冢家族第七代传人赤冢自得，他身穿着镶有珠宝的西装背心，打着蝴蝶领结，戴着一顶有羽毛装饰的高帽，手握白手套。这是那个时代日本人向西方学习的象征，也证明了赤冢家族当年在社会上的地位与富足。

三田村有纯指着一个漆盒对我说，赤冢自得作品的特点就是描绘的花色非常精巧，在欧洲的拍卖会上，他的作品价值是非常高的。

漆盒由杉木做成，画面是一雄一雌两只大雁在飞翔，身下是平静的水面，水的旁边有水草和水鸟，还有一只小船。画面有浅浮雕一样的凹凸感，它主要是运用了一种名为"高莳绘"的技法，然后

这个盒子是赤冢自得用杉木做的,运用的是一种名为"高莳绘"的技法。

再用螺钿技术雕刻而成。这种技法使画面上的水纹非常真实,似乎正在一波波荡漾开去。

三田村有纯特意让我看漆盒的背面,他说,这个盒子在眼睛看不到的地方,也雕刻得非常精细,绝不会偷工减料。盒子里面有砚台和墨,它在日本漆绘中叫作"砚箱"。

我在砚箱上看到了赤冢自得的签名:自得子兮牙兮。这是三田村有纯的传家之宝。

日本的匠人在完成一件作品后有署名的习惯。比如一尊1200年前雕塑的佛像,你也可以知道是谁做的。

三田村有纯说:"署名是一个人的标记、符号,就是要告诉后人,这件作品在历史上是由谁做的,他做的这个东西到底属于哪个时代。虽然人已经不在了,但是通过这个人的名字可以追溯到作品的时代。署名,更重要的是告诉天下人,他是用自己的责任感来完成这件作品的。"

坐在我面前的三田村有纯头发已经全白,但面容看上去还很年轻,是那种鹤发童颜的模样。

三田村有纯对家族的历史相当熟悉,他介绍说:"赤冢派的漆艺主要是为皇室贵族和有钱人服务的，最早是德川家族[①]私人雇佣的漆匠。他们制作的漆艺作品，从某种意义上说，代表了日本漆艺的最高水平，这有点类似中国过去的官窑。随着时间的推移，到了江户时代[②]，江户市民的势力越来越大了，我们也为江户的大户人家制作漆器。再往后到了明治、大正、昭和年间的时候，我们为天皇做漆艺来维持生计，所以赤冢派的作品并不是给一般百姓使用的。三田家族就是这样一直延续下来的。"

7

如果说轮岛漆艺的秘诀在于沉金，那么江户地区的特色则是莳绘。莳，是移植、栽种的意思，用在漆器的技法上，也有将金银粉

[①] 德川氏以江户为政治根据地，开幕府以统治天下，故亦称江户幕府。自公元1603年德川家康受任征夷大将军在江户设幕府开始，至1867年第十五代将军庆喜将政治大权奉还朝廷（即大政奉还）为止，是日本最强盛也是最后的武家政治组织。

[②] 江户时代，指德川幕府统治日本的年代。

种植到漆器中的意味。

莳绘是漆器制作的最后一道工序。匠人在漆器作品上的漆将干未干之时,用漆笔画出图案的线条,然后用金粉、银粉撒在线条上面,在漆的表面就形成一种微微凸起的效果。等漆干透之后,再做推光处理。有时还以螺钿、银丝嵌出花鸟草虫或吉祥图案。

莳绘技法可以比较随意地发挥自己的想象力来进行创作,能够创作比较抽象、有现代感的作品,作品显现出金银色泽,极尽奢华。

三田村有纯说:"沉金的技法是用刀子去刻线,我们赤冢的莳绘和沉金相比,首先是它不是用刀子去刻线,再就是在漆的表面会有一种浮雕微微隆起的效果;而沉金是刀刻下去以后,在里面撒上金粉,表现出来的是沉下去的感觉。刀子非常锋利,能画出很细的线,但是这个线的感觉有些生硬。莳绘是用笔描的,表现细线的话,可能会有一些局限,但如果想表现很细的羽毛,莳绘也有自己的办法。所以在绘画的时候,我们会根据题材去选择技法。"

江户时代的浮世绘中有许多表现底层市民辛苦劳作的题材,也包括一些色情题材,赤冢派作为专供上流社会和有钱人把玩的漆

赤冢派作品

器流派，他们在创作题材上又会去怎样选择呢？

三田村有纯似乎没有听懂我的意思，他开始讲解赤冢派漆器所使用的颜色。当翻译把我所说的浮世绘中的"色"的意思告诉他后，他严肃地说："这对赤冢派的漆艺是绝对不可以的。赤冢派虽然有很富丽很高贵的一面，但更重要的是，他在作品中强调一种'玩心'，这是赤冢派漆艺独特的地方。玩是玩耍的玩，是一种优雅的闲情。您刚才看到了我们家族的作品，每一代的作品当中都有一个生命的故事，都能传达一种生命的感觉。从一个很小的画面，可以联想到整个画卷，展现出人的一生的感觉，这就是我们家族代代相传的生命主题。"

8

世代相传的手艺，在今日的日本碰到了两个挑战：一是工业化以后，大批量的产品可以流水化作业，价格更低廉，这对手工制作的艺术品造成强烈的冲击；二是很多年轻人不愿意再去学手艺，更愿意到大公司里去工作，或者愿意做一个纯粹的艺术家或画家，而不是做一个手工艺人。

三田村先生告诉我们，20年前，轮岛漆器制作的规模是现在的10倍以上。如今，日本各地的漆艺产业都面临同样的问题，他自己也感到了苦恼。

我问三田村有纯，是不是感到很无奈呢？

三田村有纯说："这并不是一个无可奈何的问题。用双手做出的艺术品是非常珍贵的，我一定要把这样的东西交给能够理解它的人，能够感受到它的存在的年轻人。人们亲手制作出来的器物，一定会向那些能够理解的人传达出非常贵重的感觉，我相信肯定有能够理解它的人。"

为了跟上时代的车轮，三田村家族的匠人们不断地改变与创新，既要守成，也要与时俱进；既要保持祖辈传下来的基本技法和艺术风格，也要读懂时代的发展，创作出符合时代要求的作品。

这两点是手工艺者最难解决的一对矛盾。

从三田村有纯的爷爷开始，他们在家族内一直强调手艺创新的三个原则：

第一，所有重复上一代技法或艺术感觉的人都不会生存下去；

第二，每一位家族成员不仅仅是匠人，还要成为一名学者；

第三，每一代赤冢漆绘的传人都要先学一门其他工艺，然后再回到漆艺上来。

发展是最好的传承。他们企图从各个方向汲取艺术创作与感觉的营养，使家族的漆艺长盛不衰。

三田村有纯的爷爷是画日本画的，他的父亲是画西洋油画的，他本人是学金属工艺的，是东京艺术大学的教授。

作为赤冢派第十代传人，三田村有纯的观念非常超前，他要求儿子、儿媳和女儿都成为漆艺传承方面的专家和学者。他的大儿子是学了木匠后才做漆艺的，同时还在研究漆艺的历史。次子正在中国清华大学学习金属工艺专业,研究中国、日本和欧洲漆艺方面的区别,他的一些作品,如金属制品、装饰品、漆器等相继发表,有的还在中国获得了奖项。小儿子刚从中国中央美术学院毕业回国,所学专业是家具设计,他的毕业作品是中国人饭桌上的一个食器,他现在最感兴趣的工作是将漆艺介绍给世界。三田村先生的女儿则写了一篇关于佛教与漆器关系的论文。

三田村先生最引以为傲的是对四个孩子的培养方式。孩子们很小的时候就跟着父亲到欧洲考察,长大以后,父亲又把他们送到漆艺的故乡中国去深造,让孩子们更多地开阔眼界。

三田村有纯的家门口摆了两幅画,是他两个儿子小时候的作品。当时这两个孩子一个5岁,一个3岁,三田村有纯教他们做漆艺的

三田村有纯的小儿子刚从中国中央美术学院毕业回国,现在所做的工作是将日本漆艺介绍给世界。

沉金技术。因为孩子还小,充满了童心,所以创作时没有任何约束,用刀子随便那么一刻、一刺,就出现了充满感性的线条,再撒上金粉,做出了很有力度和情绪的漆艺作品。

三田村有纯有些遗憾地说:"但是现在他们两个都长大了,再让他们用刀子去划去刻的时候,就显得比较古板,就没有孩童时期的那种感性了。"

三田村有纯的整个家族,包括他的妻子、儿媳,都在做与漆器相关的事情,并在各自的领域中把这些东西再传承给他们的下一代。三田村先生不仅在自己的工坊里教授徒弟制作漆器,还在大学里任教,他的学生不分性别,无论男女,只要热爱漆器,都能得到他的提携与帮助。

三田村有纯自信不会被时代潮流抛在后面。他说:"在工业化时代,手工艺人一方面要读懂时代的发展,一方面要把真正的技术传承下去,创作出符合时代的作品来。手工艺人应该走在时代的前面,如果一直是回头往传统方面去寻找的话,那可能很快就会被淘汰了。"

告别了三田村有纯,我在想,匠人之国的日本,与中国一样也面临着传统手艺如何传承的难题,如何让这些保留着民族共同记忆的手艺,不在我们这一代,或者下一代的手中失传?三田村有纯很有战略眼光,比如他让自己的子女全部学者化,成为学者型的艺人,而且把他们派到欧洲、中国等地方,进行各种各样的学术性考察,使他们拥有国际视野,以应对传统手工艺在现代社会所受到的威胁。他的这些做法非常值得借鉴。

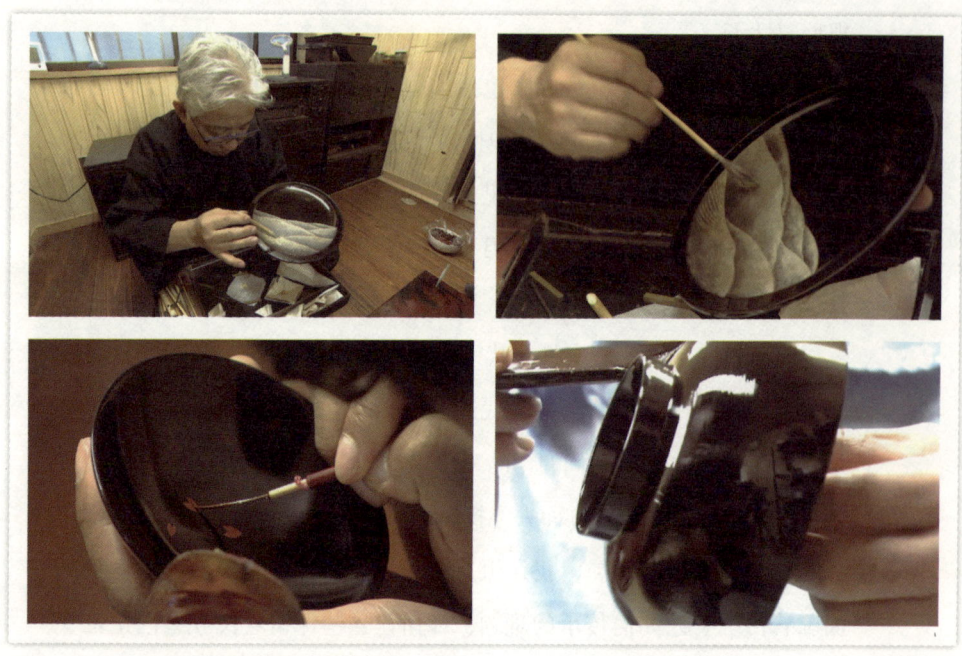

铁壶
收藏新宠

日本铁壶绝不是一块冰冷的铁块,而是从中可以感受到日本文化的活生生的存在。

用一颗虔诚的心去对待事物和技艺,赋予它们灵魂,工艺由此上升为艺术,这就是工匠精神。

在 2013 年的北京秋季拍卖会上，日本龟文堂系湖严堂定制兽首铁壶一组 3 只，连同它的红木展柜，最终以 101.2 万元人民币成交。

日本铁壶由此成为中国收藏界的新宠。

与之相映成趣的是，日本本土也刮起了一股南部铁壶风，抢购者大多是中国游客。因为日本铁壶在中国市场上价值不菲，很难入手，中国游客不惜亲自赴日抢购。继日本电饭锅之后，铁壶成了中国游客最愿意为之慷慨解囊的宝贝。

但就在几年前，日本铁壶的收藏还十分边缘化。

在 2008 年 2 月上海的一个拍卖会上，一件明治十八年（1886）的日本铁壶虽然估价只有 5000~8000 元人民币，但最终仍以流拍收场。

从千元流拍到百万元天价，再到亲赴日本抢购，短短 5 年，其间到底发生了什么？

原因在于中国普洱茶的突然火爆。

一些玩铁壶的老茶客告诉我，日本老铁壶在中国的风靡，是因为中国人现在开始喝普洱茶了。

普洱茶是产于云南省的一种茶叶，多以茶饼（压紧茶）

的形式出现,因可以长久存放,被誉为"可以喝的古董"。听说这种茶能防治高血压、高血脂、高血糖等疾病,富裕起来的中国人便开始追捧这种茶。

普洱茶特别讲究冲泡技巧和品饮艺术,冲泡普洱茶需要比较高的水温,日本老铁壶烧出的水温比其他茶具烧出的水温要高出 2~3℃,这一温度能够使普洱茶里的茶多酚等有益的物质更多地被泡出来,还能够使水质产生所谓的"山泉水效应",变得更甘甜、更柔和。当然,更重要的原因在于铁壶在煮水的过程中,会有二价铁离子释放出来,可以补充人体中的铁,有了足够的铁,人就不容易贫血。所以很多拿日本老铁壶煮茶的人其实是为了养生,这样尤其对小孩子和妇女特别有益。

日本铁壶收藏家竹中胜治证实了这一说法:"以前日本人当中贫血的人很少,因为大家都是用铁壶来烧水的,这样自然而然就摄取了铁元素。现在大家都用不锈钢和铝壶了,所以很多人患上了贫血。有个到我这儿买铁壶的年轻人说,因为贫血,医生劝他用铁壶烧水喝,他现在每天用铁壶烧水喝,结果贫血不治自愈了。"

1

我寻访日本铁壶的旅程是从京都开始的。

京都是日本的故都,天皇及其臣僚曾住在这里。今天虽已繁华不在,但它在日本人心中依然有着不可侵犯的尊贵。这里也是技艺精纯的能工巧匠的发源地。

获得诺贝尔文学奖的日本作家川端康成有部小说《古都》,描写的就是京都。京都是川端康成的故乡,他对京都之美的描述让人印象深刻:"在院子里低低飞舞的成群小白蝴蝶,从枫树干飞到了紫花地丁附近。枫树正抽出微红的小嫩芽,蝶群在那上面翩翩飘舞,白色点点,衬得实在美极了。两株紫花地丁的叶子和花朵,都在枫树树干新长的青苔上,投下了隐隐的影子。"

在川端康成笔下的这个树木青翠、秀色可餐的大都会里,有一条名叫松原中之町的偏僻小街,街上那家名副其实的百年铁壶店"松寿堂"正是我要去的地方。

京都街景

日本京都一条偏僻的小街，松寿堂所在地　　松寿堂第四代传人岛先生

松寿堂的店主岛明彦是位年轻人，有着日本匠人那种中规中矩的表情，也很健谈。松寿堂创立于1885年，距今已经有130多年历史了。岛明彦是松寿堂的第四代传人。

岛明彦的店不大，但他们收集和制作的铁壶却大名鼎鼎。

岛明彦告诉我："1885年的明治时期，京都的寺庙周围云集了一大批制作日本铁壶的店，由此产生了52家重量级的堂号。所谓堂号，相当于今天的公司或铁壶品牌。其中名气最大的，当数龙文堂。据说当年龙文堂就在我们松寿堂的隔壁，拥有天下第一釜师的云色堂则在我们的斜对面。只是它们都已成为历史，不再制作铁壶。因此，日本的百年老壶如今已是一壶难求，日本的铁壶制作工艺更是几近失传，许多铁壶如今只能靠壶身的花纹和工艺来辨别其出身了。"

岛先生收藏的铁壶

岛明彦的店里铁壶众多，摆在最醒目位置的有三只，其中一把龙文堂铁壶，收藏于松寿堂创立之时，距今也有130多年的历史了。不过，作为铁壶的制作者，岛明彦表示："我特别希望铁壶不只是用

于收藏和观赏,而是能够作为可以日常使用的实用品而存在。现在日本人不怎么用铁壶了,它却在中国被广泛用于冲泡普洱茶,我觉得非常荣幸。"

然而,现代的日本铁壶和传统手工铁壶相比,已有很大不同。广为藏家热捧的龙文堂铁壶,因为铸造流程的特殊,每件铁壶铸好后,必须敲碎模具方可取出,所以不会出现两件相同的铁壶。据记载,龙文堂在鼎盛时期,一年所产铁壶不超过150把。岛明彦店内珍藏的这把龙文堂铁壶,堪称镇店之宝。

岛先生珍藏的龙文堂铁壶

我拿起这件铁壶仔细端详,确实特别漂亮。日本人崇尚自然,铁壶的表面斑斑驳驳,像是在模仿岩石的肌理,在岩石般的肌理上,又镶嵌着比较名贵的金银材料。自然朴拙与镂金错彩之间形成强烈的对比,共存一个壶体之上,这是日本美学的一大特点。我问道:"为什么会觉得这把壶特别好,是因为它的造型,还是因为它的工艺或是古旧的感觉?"

岛明彦回答:"它的最大特点,就是表面上的这种凹凸感,可以体现出它所经历过的历史沉淀,随着时间的推移,它越发给人一种古老陈旧的感觉,这是新的东西所无法具有的。"

岛明彦的松寿堂致力于京都铁壶的制作和表面镶嵌工艺的研究。

松寿堂制作的铁壶采用铜质壶盖,壶身内侧底部有板状突起的"鸣金",壶身或者提梁嵌有金银贵金属材质的各式图案或花纹,是京都铁壶的典型代表。

铁壶的制作工艺大致可以分为:蜡模铸造法、砂铸法和硬模压力铸造法。

蜡模铸造法又名脱蜡法或者失蜡法,就是将蜡制的样品埋入铸造的沙型中,待沙型变得结实后,将蜡融化倒出,再将铁水倒入,从而铸造出造型复杂,外观精美的铁壶。据说,龙文堂是最早把失蜡法应用到日本铁壶制作中的堂号。

砂铸法是一种很原始也很常见的铸造技术。砂铸法所铸铁壶一般以壶身内部最大直径处作为上下开模结合部,所以壶体在此处会留有一道水平方向的腰线。烧型砂铸法制作铁壶是一模一具,采用此法制作铁壶,外模、中子、图案等全部需要纯手工制作,而且一个花费了极大工时和精力的模具只能浇铸一个铁壶就寿终正寝了,使得烧型工艺铁壶具有全球的唯一性,更具收藏价值。

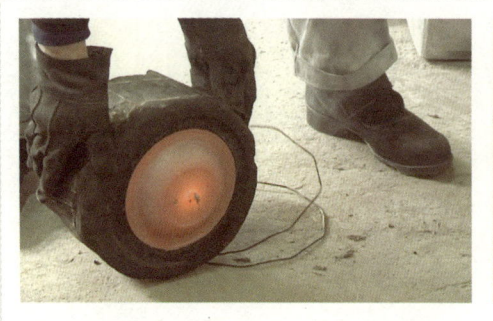

龙文堂铁壶铸造流程特殊，每件铁壶铸好后，必须敲碎模具方可取出，所以不会出现两件相同的铁壶。

硬模压力铸造法是一种用精密金属模具加压注入铁水铸造器物的技法，此种方法所造之壶，因为是左右各半垂直对模，所以在壶的中线结合部会有一条脱模线的痕迹。尽管有些釜师将此浇铸痕迹打磨处理，或用水垢掩盖，但仔细辨认仍能看得出来。

这种铁壶的形制一般都很夸张，多数为高浮雕图案，玩老铁壶的人一般称此类铁壶为"大阪龟"，即大阪地区龟文堂所造。此类壶市值略低，多数藏家不会追求。

以上几种铁壶的壶把由专门的匠人制作，把铁板打制成圆的铁棒形状，成形后上漆，和壶衔接。

岛明彦向我介绍了京都铁壶的三大特征：

一是铁壶表面使用"漆"和"齿黑"（单宁酸+铁）等溶液上色，成品铁壶外表呈茶褐色。京都的铁壶工匠认为，铁锈色和茶色结合所呈现的色彩最为完美，也是京都铁壶的美学价值所在。

作者在松寿堂

二是铁壶盖使用青铜,这是因为从中国唐朝传来的铜合金(青铜)在日本茶道初创时期十分贵重,被称为"唐铜",这一传统被传承下来,至今还广泛用于铁壶工艺中。

三是在铁壶的内侧底部有几块板状突起,这是为了使壶内的水流动更加充分而下的功夫。日本茶道的茶师称之为"鸣金"。因为有"鸣金"的存在,京都铁壶在烧水时会发出各种特别的声音,时而像风穿越松涛,时而像海浪拍岸,每种有不同的音效。这是铸物师的杰作。

京都铁壶壶身或提梁上的金银镶嵌被称为"京都镶嵌",共有七道工艺。

一是刻槽。壶身或提梁上横竖刻出布纹般纤密的无数细槽,密度大约为1毫米之中7~8道槽,这是京都镶嵌中最重要的一道工序。如果槽刻得深度不够的话,那镶嵌上去的金银就很容易剥落。

二是嵌入前的准备。将直径0.15~1毫米的金银细线放入刻槽,排列成图案。这个过程中,工匠不打草稿直接根据自己的想法进行图案设计。

三是嵌入。用鹿角榔头锤打金银使之延展,呈现金属光泽,再打入刻槽之中。如果用铁榔头的话,原本铁面上的直线细槽可能会变形或被打成曲线,导致金银脱落。

四是防腐蚀、防锈。将嵌入后的作品氧化,然后在表面涂上氨水放置两天,涂上茶水产生的单宁来防止生锈。

五是上色(烧漆)。将作品放在火上,刷漆烧制颜色。这个过程需要重复3~4次。

六是刮漆。将镶嵌部分金银表面的漆刮去。为使表面更加光滑，通常使用刮刀蘸水小心研磨，避免刮出划痕。

七是最后加工。用刻刀在金银图案上刻出轮廓线及其他细线，增加作品的立体感。另外也有在图案上撒上细沙，使作品更具明暗变化。[①]

岛明彦现在经营的松寿堂和其他京都诸堂口都曾经历过明治大正年代（1912—1926）的日本经济繁荣。当时，因为欧洲人欣赏日本茶道，京都铁壶甚至成了日本的著名特产，开始出口欧洲。后来因为日本政府将全部精力投入二战，京都诸堂口纷纷关门停业，日本的铁壶进入衰落期。今天，生活节奏过快的人们，为了疏解急躁的情绪，再次把眼光投向了茶道文化。这时，人们发现，一直坚守至今的松寿堂，已经制作并出售铁壶 100 多年了。

---

① 引自《日本铁壶的金银镶嵌工艺》，铁壶之家网。

2

  精品的铁壶来源于发达的铸造业,听说铸造业有一场重要的祭祀活动正在有礒正八幡宫的神社举行,我立刻赶往日本富山的高冈市。
  高冈市八幡宫的神社是专门祭奉铸造业的守护神石凝姥神的。
  石凝姥神是日本历史上发明风箱,铸造出第一面铜镜的神人。在日本的神话传说中,由于他铸造铜镜的技术高超,日本避免了一段不见天日的黑暗时光。那个故事说,天照大神是日本最核心的女神——太阳女神,她被奉为日本皇室的祖先。有一天,天照大神

专门祭奉铸造业守护神石凝姥神的神殿

受到了另一位神仙的侮辱,赌气躲进大石窟不再出来,结果天上没有了太阳,天地陷入黑暗,恶鬼群集,灾祸频发。为了重现光明,八百万诸神商议引出天照大神,命石凝姥神取天香山铜,以铸日像之镜。开始,石凝姥神所铸之铜镜,由于粗糙不能令人满意,他重新返工,终于铸出了美丽的铜镜。众神把铜镜抬到大石窟边上,让"天钿女命"女神站在木桶上跳舞,引诱天照大神探头出来照镜子。天照大神从镜中看到了自己的仪态,顿时心生欢喜,从石窟中走出来,大地才重现光明。

石凝姥神立下大功,由此被尊为铸造业的神。

400多年前,高冈这座城市由加贺前田家的第二代藩主前田利长修建,作为工商业城市发展至今。"金屋町"(木格窗建筑群)便是当年前田利长聘请的铜器铸造师傅居住的地方,这一带作为全日本首例铸造街被列为国家重要传统建筑物群加以保护。南部铁壶的兴盛,与这里铸造业的发展和独特的自然条件不无关系。铸造业的工匠们经常举行隆重的祭祀仪式,祈愿铸造业的发展与铸造工匠的安全。

在祭祀现场,人们仿制了古老的风箱,以重现3400多年前的铸造景象。许多日本的小孩子好奇地跑到木制的风箱前,拉动风箱的拉杆,让风通过一个管道,鼓到熊熊的炉火中。这些孩子的祖辈可能就是从事铸造业的工匠。

很快,炭火烧到了最高温度,把铁铜一类的金属熔炼成水,几位穿着白色和服,头扎"钵卷",足蹬白袜的年轻人取出火红的铁水,浇入放在地上的模具中。

"请问几位都是职业铸师吗?"我问。

"我们都是工匠,铸造工匠。"

"你们在铸造什么呢?"

"这是一把刀,如果后面装上木柄,样子很像中国的关公使用的青龙偃月刀。这是奉纳给石川神社的。"

在浇铸宝刀的现场,因为是手工操作,铸师要抬着沉重滚烫的铁水包往模具中倒,这个工作相当危险,稍不留神就可能烫伤自己。

据说,以前从事这个行业确实非常危险,因为所有的工作都在木头造的房子里进行,经常发生火灾,但是现在已经没有什么危险了,

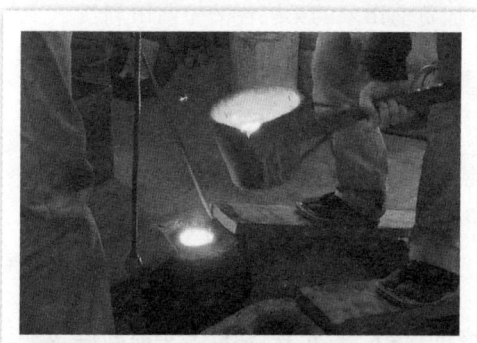

风箱是电动的,铸造也自动化了,火灾几乎没有发生过。不过一些小的烫伤经常会有。

高冈市被誉为日本的青铜器和铸造品之城,以前,这个城市的青铜器产量占日本青铜器总产量的90%以上,近年的生产量已经回落到20多年前高峰时期的一半以下了。高冈难得拥有众多技术优良的铸造工匠,但由于公司倒闭、工作减少,其技术得不到活用,工匠们感到了

惆怅与茫然。这次举行的祭祀仪式，可能也有祈求铸造业再次繁盛的意义。

明治四十二年（1909），当时的皇太子，后来的大正天皇，来到高冈视察，高冈的地方官把八幡宫里的井水奉献给太子作为御用水。八幡宫井水的甘甜配上南部铁壶的精致，得到了皇太子的赞赏，于是南部铁壶随着新闻媒体的介绍，变得非常有名。

日本的铁壶是日本的铸造业非常杰出的作品，它集中体现了日本的文化和日本人的生活态度。在金屋町的一条老街上，我找到了一个"铁瓶屋"，铁瓶屋的主人竹中胜治，是著名的日本铁壶的收藏者和研究者。

走进竹中胜治的屋子，立即被屋内琳琅满目的几百件铁壶所吸引，它们的年代、风格、堂口各不相同，是竹中胜治40余年的珍贵收藏。

竹中胜治60多岁的样子，一头银发，西装笔挺。我原本以为竹中胜治会穿和服接待我，可是他说，这里没有和服，甚至连茶也没有，只有铁壶，似乎他就是为铁壶而生的。

一落座，竹中胜治就对我的到来表示感谢，让我感受到了日本人礼仪的周全。在讲解铁壶历史之前，竹中胜治把日本不同时期的三件铁壶摆在了我面前。其中一件像中国的瓦罐，一件像只小桶，有盖，但没有壶嘴和壶把，从里面取水时要用一个小提子来提。

竹中胜治说："其实'铁壶'这个名字出现的时间是比较晚的，像这种没有壶嘴的老茶炉至少有500年的历史，而铁壶只有250年的历史。这种茶炉把水烧开以后，因为没有口，所以要拿这个像勺

竹中胜治的铁瓶屋

日本著名的铁壶收藏者和研究者竹中胜治

没有口的老茶炉

铁瓶屋陈设的铁壶

一样的东西把它舀出来。大约在250年前,随着日本铸造业技术的进步,出现了有嘴有把的铁壶,这使得人们能够更加便捷地泡茶,然后享用。在此之前,日本盛行的茶道所用的并不是铁壶,而是一般的壶,是用于喝抹茶的。在大约250年前,一种叫作煎茶的茶从中国传到日本,于是日本人喝抹茶的死板方法逐渐消失了,铁壶开始被广泛使用,喝茶变得简单了。"

日本饮茶的习俗是从中国传过来的。之所以说日本茶道是中国古茶道的活化石,是因为他们一直沿用宋人的抹茶道。抹茶就是茶粉——把茶叶捣成粉末状,然后混合成茶汤来饮用。而到了明代,"煎茶"传入日本,人们开始把茶叶放在特定的容器里煮着喝。这样的方式已经接近我们现在的饮茶习惯,所以相应的饮茶工具也势必会改变。铁壶随之出现。

到了19世纪中期,原本只是为了煮茶而生产的铁壶,因为使用方便,坚固耐用,几乎成为日本家家户户的生活必需品了。从当年描绘日本世风的浮世绘中,也可见证铁壶在那个年代的普及。

喜多川歌麿有一幅非常传神的画:四位妇女忙着用铁壶烧水煮茶,其中一人正在鼓着腮吹火,一人正在用提

喜多川歌麿绘

子往壶里加水。

竹中胜治不无留恋地说:"铁壶自明治年间普及以后,从大正①一直到昭和十年之前都是很繁荣的。"

"是什么原因使得京都的铁壶突然销声匿迹了?"

"这是因为80多年前发生了战争,在战争中,日本政府把民间的铁和铜都强制性地回收用于军事,各家各户烧水的铁壶全都被国家强制性地收购了,铁壶就变得很稀有了。"

战后,随着不锈钢、铝等各种新材料的兴起,再加上咖啡、可乐等速溶饮料的普及,茶道和铁壶这种慢节奏的文化逐渐被取代,铁壶的使用功能萎缩,只剩下了收藏功能。如果没有中国人突然开喝普洱茶的机缘,日本老铁壶的生意恐怕很难做下去。但是,依然有人在坚守。竹中胜治就是坚守者中特别难能可贵的一位。他节衣缩食,几乎把所有积蓄都用来收藏老铁壶,收到了宝贝,还舍不得卖,日子就很拮据了。更可贵的

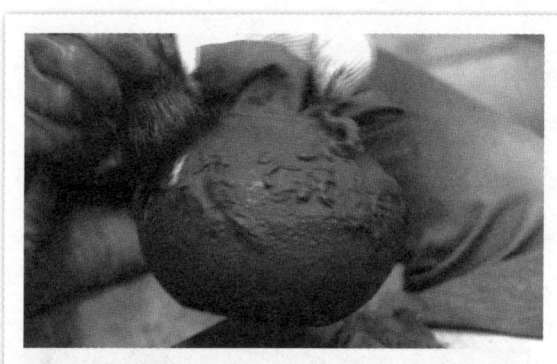
铸师在为铁壶第一次着色

---

① 大正,日本大正天皇在位期间使用的年号,时间为1912年7月30日—1926年12月24日。这一时期的根本特征是,民主主义风潮席卷日本文化的各个领域。

是，还有一批愿意与他一起坚守的人，那就是竹中胜治铁壶制造厂里的工匠们。

竹中胜治把我带到了他的铁壶铸造车间，一位30多岁的铸师正在为铁壶着色。他用一把小刷子，蘸上用"漆"和"齿黑"（单宁酸+铁）配制的溶液，不停地在被烧热的壶身上涂抹。涂抹一遍后，再放进炉中烧制，据说这个过程要反复好几次。

竹中胜治说，制作铁壶是手工活，仅这一道工序就需要这样不停地涂抹20多分钟。

一个看似"铁疙瘩"的日本铁壶，如果按照传统的工艺流程，需要80道以上的工序，制作者独自完成一把铁壶，起码需要修业15年以上，如果想在铁壶上留下自己的名字，更是需要修业三四十年。铁壶的制造者有一个专门的称呼，叫釜师。如果说堂主相当于掌门人，那么釜师则类似中国紫砂壶的制作名家。釜师们以精湛的技艺，为龙文堂、龟文堂等各个堂号留下不朽之作。

一般的铁壶铸造工艺和材料，对外是保密的，但是竹中胜治特意为我开放这个秘密，让我看到了铁壶铸造的全过程。我目睹了釜师是如何将一把画有山水人物纹的铁壶从崭新变成有岁月感的样子的。

回到铁瓶屋坐下，我问竹中胜治："您这里有龙文堂的铁壶吗？"

"龙文堂？有的。"

不用找，竹中胜治直接从柜子边上拿出一个包装完好的木盒。打开后，一把样式古朴的龙文堂铁壶赫然在目。

竹中胜治说："龙文堂铁壶原装的盒子有一个明显的特点，您看这个木头它是有纹理的，一般的堂号是顺着这个纹理刻字，但是龙文堂堂号的刻法是垂直于木头的纹理。"

包装盒盖上竖着写了两行字，"宝珠联铁瓶""金紫铜盖"。宝珠联铁瓶是壶的名称，宝珠大概是说壶盖上端钮是个紫铜珠，可以转动。壶盖上使用的是一种混合铜，整体呈紫铜色，但又有一些地方透出了金色，应该是镶嵌了金箔。壶盖的反面錾刻有"龙文堂造"四字。

竹中胜治特意强调说："壶身上也有龙文堂的堂号，铸在这里比较容易看见。"

在壶身上铸堂号的铁壶，我还是第一次见到。

"如果是龙文堂的原创作品，尤其是好作品，一般都会把龙文堂的字样刻在壶身上。"

这把龙文堂铁壶的包装盒上，还写有釜师的名字："安之介造"。

"安之介是龙文堂的第一代吗？"

"不。第一代叫作四方龙文，这个安之介是第二代。"

由于龙文堂是日本铁壶史上第一家采用脱蜡法精铸铁壶的，这使得它在日本老铁壶的历史上有着相当重要的地位，名望影响日本及欧洲长达百余年。龙文堂的老铁壶在伦敦大英博物馆和俄罗斯圣彼得堡冬宫博物馆都有收藏。在龙文堂的铁壶壶身上落有"龙文堂造"款识的，多属龙文堂堂主造壶。

安之介是四方龙文的儿子，也是兴建龙文堂的人，他继承父业，并带出了两个对日本铁壶制造技术发展起到极大作用的徒弟——著名釜师波多野正平和初代秦米藏（藏六）兄弟。波多野正平出师后，创建了自己的堂号"龟文堂"。秦米藏独立开业后，以擅长铸金技法扬名，至今仍被推崇为金属工艺第一人。秦米藏的作品具有显著的中国古铜器的图腾特征，很多作品都有金箔镶嵌。他亲自制造了江户时期孝明天皇的铜御印、十五代将军德川庆喜的大将军黄金印、明治六年天皇御用国玺等。

初代秦米藏过世之后，他的子孙继承了其技艺，代代以"藏六"之名相传。

日本铁壶的历史延续了200多年，名手辈出，这些著名的釜师运用他们的聪明才智，创造了各种各样工艺精妙、形态各异的铁壶。竹中胜治慷慨地把他的珍贵收藏都展示出来，供我细细把玩。在我看来，这些壶大约可以分为三种：

第一种就是竹中胜治和很多玩壶老手特别喜欢的素壶。素壶壶

煮茶

身上没有雕花,也没有奇异的形状,却显得非常大气,好像一位满腹经纶却沉静不语的觉悟者,我们面对它的时候,立刻感觉到了禅意的深沉。

第二种就是所谓的花壶。花壶的造型比较夸张,比如有一把壶是高浮雕造型的,一把壶构成一组完整的日本山水雕塑,有山有水有瀑布,滚滚的江水边,还有城堡、茅草屋、寺庙和高楼。这让我想起云南出土的滇国青铜器,也是把高浮雕铸在了青铜器上。

第三种铁壶是介于特别素和特别花之间的,我称为雅壶。比如有一把壶的壶身可以隐约看到三只飞翔的仙鹤,壶盖的钮是一只松果,壶柄的下方也有松果。仙鹤在日本是一种吉祥鸟,松和鹤在一起,寓意松鹤延年,是祝愿使用者长寿的意思。日本的一些釜师汉

竹中先生在演示日本铁壶的使用

学修养非常高，他们把自己从汉诗、书法和绘画中得到的营养和灵感用于制壶，使铁壶儒雅起来。他们会在壶身打磨出一片光洁的地方（中国称之为开光），然后在那里铸上汉诗或梅兰竹菊的图案。竹中胜治的一把铁壶上，铸有兰花和两句汉诗，"香结楚臣佩，音调鲁叟琴"。楚臣，是指屈原，鲁叟，是指孔子。屈原被流放至沅江的时候，为表示自己高洁，采了兰花佩戴在身上，所以兰花也是屈原的象征。苏轼有诗云："空余鲁叟乘桴意，粗识轩辕奏乐声。"孔子曾说过，"道不行，乘桴浮于海"（《论语·公冶长》），意思是：我的道在海内无法实行，坐上木筏子漂洋过海，也许能够实行吧。怀一腔惆怅，听海涛声音，大约就是"音调鲁叟琴"的意境。这说明釜师对中国文学非常精通。

也有文人在壶身上寄托自己的情怀。有一把壶上写有日本的俳句（日本的一种古典短诗），据说这是一个日本和尚到喜马拉雅山朝圣，看到金色的阳光照在雪峰山头，感到了一种永恒的寂静，并把这种感受写成了俳句。虽然我读不下来，但是从能够认识的几个汉字来看，是和尚把他在雪域高原上的感悟融入了铁壶。

日本铁壶在某种意义上可以说是日本文化的集成，它绝不是一块冰冷铁块，而是可以从中感受到日本文化的活生生的存在。

用一颗虔诚的心去对待事物和技艺，赋予它们灵魂，工艺由此上升为艺术，这就是工匠精神。只是在快速的现代生活节奏中，这种事情变得奢侈了。

红花墨

430年的坚守

好的书法无法用现成的墨汁来表现,需要由习书者手持长条形的块墨,自己注入清水在砚台上磨墨,通过这个过程去掉浮躁之气,进入思接千载的境界,与古人和传统文化沟通。

去奈良，一定要去唐招提寺拜望一位了不起的僧人——鉴真。

我站在招提寺鉴真的法像前，双手合十，默想着他冒险精进的事迹。鉴真是唐代的中国僧人，俗姓淳于，家境清贫，14岁随父在扬州大明寺出家，45岁时成为佛学大师，任大明寺方丈。公元733年，日本留学僧荣睿、普照延请鉴真赴日传法，为日本信徒授戒。当时，大明寺众僧"默然无应"，唯有鉴真表示"是为法事也，何惜身命"，遂决意东渡。在经历了5次泛海失败的挫折之后，年已65岁且双目失明的鉴真大师终于率弟子40余人渡海成功，来到日本首都平城京（今奈良）。此后鉴真在日本辛勤不懈地活动了10年，传播唐代文化，被日本誉为"文化之父""律宗之祖"。

鉴真带到日本的盛唐文明对奈良的影响如此深远，以至于千年后的今天，这里处处都能让中国人感受到故乡的气息。特别是奈良的古老佛寺，唐风浓郁，大气舒朗，刚劲恢宏。古寺的附近，也如中国的庙会一般，围绕着许多传统的手工老店，有些老店的历史甚至可以追溯到数百年前。

漫步在这样的老街老店和工坊之间，让人总会有一种想象，一种感觉，那就是鉴真和他的弟子们还活着，他们把自己的思想、观念、技艺和灵感撒落在日本的民间，在每一个不经意的地方都会生根开花，结出奇异的果实。

2016年12月底的那个雨天，我在奈良拜访了一家制墨老店——古梅园。在这家老店，你可穿越历史，看到400多年前中国人制墨的方法和程序。

1

古梅园是制墨世家,站在古梅园门口迎接我的年轻女子是古梅园第十六代传人松井晶子,她是现任古梅园的社长,还不到30岁,是我采访过的最年轻的家族技艺传承人。

松井晶子

清瘦的晶子小姐一袭黑衣,唯有领口透出红色的毛衫,儒雅而知性。

"麻烦您接待我,非常抱歉,打扰了。"

晶子深深地鞠了一躬说:"哪里,哪里,下着雨还劳烦您过来,谢谢您。"

晶子引着我往院子里走去,掀开一道印着"古梅园"字样的黑色门帘,一条亮晶晶的铁轨出现在眼前。铁轨向院子深处延伸,一直通向后边的厂房。

我不禁惊叹:"哇,里面有这么深啊,这铁轨是过去做墨的时候运材料用的吗?"

晶子道:"是,铁轨现在还在使用,把墨从里面的库房运到这里来。"

真有意思,老宅子里面有一条铁轨,穿堂越室,前后贯通,让我想起工业化初期的老工厂。

沿着这段铁轨,我走进了古梅园的历史深处,也仿佛一步穿越了半个世纪,来到了旧时的日本。

古梅园前店后厂,在通往工坊的道边有一株古梅树,枝干嶙峋,遒劲多姿。在潮湿的冬日里,看似干枯的枝条上竟然鼓出了稚嫩的花苞,透出一抹淡红。

这株古梅气场强大,我感觉仿佛置身于中国的古典园林。古梅园的雅其实早在400多年前就已养成,这里的第一株梅树由松井

梅树已是古梅园的精神象征

家的第二代传人亲手栽植，古梅园的名字也由此而来。

梅，在我国有"君子"之称，象征高尚情操与洁身自好，在日本亦然。

几百年过去了，古梅园的梅树虽然更换了几代，但它依然是古梅园的精神象征。在古梅园制作的各类墨品上，大都有梅花图案，特别是著名的红花墨上，花瓣是辨识品级的标志。

在当今世界，对于书法家和画师来说，红花墨是荣耀之作，也是顶级的标志。红花墨有淡雅的香气，墨色变化丰富，黑的更黑，淡墨也很清透，用之有"一点如漆"之感。

晶子小姐拿起几根长条形的墨块，让我看墨块的顶端："您看这里，有刻着三朵花瓣的、四朵花瓣的和五朵花瓣的，这是根据灯芯的粗细来分的。灯芯的粗细，决定了墨的细腻程度，墨色也有不同。三朵花瓣就是当年采烟的时候，用的是粗灯芯，所以它的颗粒会粗一点；四朵花瓣是中等的灯芯采的烟；五朵花瓣的标记就是古梅园最

细腻的、最高等级的墨。"我学会写毛笔字很久之后，才知道墨是用烟灰做出来的。

墨是由油烟、松烟等原料制成的一种黑色颜料，它的产生可能比毛笔还要早。墨的雏形应追溯至新石器时代用于烧制彩陶的颜料。

距今3000多年前的殷墟甲骨，有用朱和墨色书写文字的痕迹，表明在甲骨上书写的文字，红色是朱砂，墨色是碳素单质，这证明朱砂和墨在殷代就开始被巫人用来书写文字了。在商代石、玉、陶器的表面，也曾发现过遗存的墨书。

古埃及人很早的时候就发明了墨。古埃及人用蔬菜汁、烟灰和蜂蜡调成黑墨水，还用赭石等材料取代烟灰制成不同颜色的墨水。这种墨水非常耐久，写出的字保存至今仍然清晰可见。

中国最早记载墨的史料是2800多年前周宣王的《述古书法纂》："邢夷始制墨，字从黑土，煤烟所成，土之类也。"

秦汉及魏晋时期是中国制墨史上一个重要的时期，以松烟墨的大量流行及"韦诞制墨方"的出现为标志，中国古代制墨工艺进入了成熟期。

公元 6 世纪中叶，北魏农学家贾思勰在《齐民要术》卷九中记载了韦诞的制墨配方和工艺方法：

好醇烟捣讫，以细绢筛于缸内，筛去草芥若细纱尘埃。此物至轻微，不宜露筛，喜失飞去，不可不慎。墨一斤，以好胶五两浸梣皮汁中。梣，江南樊鸡木皮也，其皮入水绿色，解胶，又益墨色。可以下鸡子白，去黄五颗，更以真朱砂一两，麝香一两，别治细筛，都合调下铁臼中，宁刚不宜泽，捣三万杵，杵多益善。合墨不得过二月、九月，温时败臭，寒则难干。渲溶见风日解碎，重不过二三两。墨之大块如此，宁小不大。

东汉时期的制墨工艺，包括去杂、配料、舂捣、合墨等工序。除了烟灰，鸡蛋清、胶、朱砂、麝香、梣皮等辅料是必不可少的，要按配方的要求混合，然后在铁臼中舂捣至少 3 万下，最后将舂捣过的墨泥制成墨块。制墨时间应该选在每年的二月或九月，此时天气不冷不热，因为天热了墨容易变质发臭，天冷了墨块不易干燥。

唐宋时期，随着造纸和制笔业的发展，制墨厂商更加受到重视，政府开始设墨官办墨厂。唐代墨官祖敏，研究朝鲜进贡的松烟墨的制作经验，多方取材配方，他采用古松烟与鹿角胶煎膏和成制墨的方法，使墨的品质有所提升。

唐末战乱频繁，中国制墨工匠南迁，此后，徽墨雄踞天下，在制墨业中占据主导地位。徽墨品种繁多，有淡烟、油烟、松烟、全烟、净烟、减胶、加相等，徽墨的特点是色泽黑润、入纸不晕、舔笔不胶、经久不褪、馨香浓郁、防腐防蛀。有文物鉴定家说："宋代制墨名家辈出，名墨很多，宋代书法家、书画家之真迹杰作能传至今天，制墨之功不小也。"

古梅园的大掌柜、古梅园理事竹住亨先生告诉我，大约在公元610年，中国的制墨的方法通过朝鲜僧人昙朝传到了日本，日本开始

制墨。而奈良墨的制造技术，据说是大同元年（806），作为遣唐使出使唐朝的空海从中国引进的。

根据历史记载，公元599年，日本首次派遣留学生到中国学习。日本使者给隋炀帝的国书中说，"日出处天子至书，日没处天子无恙"，称日本君主为"日出处天子"，称隋朝皇帝为"日没处天子"。隋炀帝看到后不高兴，对鸿胪卿说："蛮夷的书信如果有无礼的，就不要拿来给我看了。"

为了更好地学习和掌握中国优秀文化，日本政府先后4次派出遣隋使，其后又19次派出遣唐使，最多的一次人员多达500人。其成员大多是留日汉人的后裔和僧人，他们熟悉汉字和华语，为汲取中国文化奠定了良好的基础。

当时，日本正处于由奴隶制向封建制转化时期，急于借鉴中国政治、经济制度，以形成自己的律令制度。中国的佛教也在这一时期传入日本，随着汉译佛教典籍的传播，汉字使用的普及，对毛笔和墨的需求也越来越大。

佛教传到日本后，这种东方智慧在日本如鱼得水，焕发了蓬勃强大的生命力，它深入到日本社会各个阶层，成为日本国民精神生活的重要内容。佛教带给日本的不仅仅是精神信仰，它还影响了日本人生活的方方面面，日本匠人的许多传统技艺，追根溯源，大都与佛教的传播有关。

竹住亨说，日本最开始制墨是专供朝廷皇室使用的，在此后的几百年里，墨一直都是奢侈品，只有贵族和僧人才可以制墨和用墨。

但是随着日本人对佛教信仰的渐渐加深，写经变成很重要的一个课程，笔和墨成为一种必需品，对墨的需求越来越大。大约从1500年开始，制墨技艺终于突破了阶级壁垒，被匠人掌握，从此流传开来。

1500年，欧洲人已经会酿造含抗生素的啤酒，葡萄牙的船队已经能够远征印度。当时中国处在明代中期，手工业和商品经济繁荣，出现商业集镇和资本主义萌芽，文化艺术呈现世俗化趋势。制墨的工艺上有新的发展，徽墨大行其道，墨的配方和品质更加受到重视，墨的质量有很大的提高，墨模图案的绘制和漆匣的装潢制作，都达到了登峰造极的境界。

稍晚的时候，日本奈良的古梅园开张了。

竹住亨说："根据文献记载，原始的古梅园比我们现在住的地方稍微偏南，第一代制墨家名叫松井道珍，我们家族从第三代开始搬迁到这里，至今已经是第十六代了。"

古梅园创立于1577年，是奈良最著名的制墨字号。创立初始便已成名，成为日本江户时期最负盛名的御墨作，专门制作天皇和幕府将军使用的高等级墨。日本的江户时代与中国的清朝在年代上大致重合。古梅园制作的墨不仅在日本，在中国和朝鲜也非常受欢迎。

古梅园最令人称道的地方在于，它将400多年前的制墨方式保留至今。

在后院一个被称为"采烟藏"的仓库里，摆放着200个倒满了植物油的素烧容器，容器中插有燃烧的灯芯，火焰之上安放一个收集烟灰的陶器，样子像一个粗瓷碗。因为火焰的大小和油的种类决定着烟灰的质量，所以这200抹摇曳的火焰通常由熟练的匠人统一管理，每天燃烧长达10个小时。

采烟，制墨的第一道工序

采烟，是传统制墨方法的第一道工序。

晶子带我走进"采烟藏"，屋里很黑很热，她老练地掀开一个罩着灯芯的陶盖让我观赏："房间里有200盏这样的碟子，碟子里面放着油和点燃的灯芯。我们的匠人每隔20分钟要过来转一下这个陶盖，检查烟灰积攒的情况，当确认可以收集下来时，就用工具把它刮下来。工作人员还要不间断地观察火和油的燃烧状况，调整碟子的高度，以保证烟灰的质量。这个地方，在夏天的时候会非常热，最热的时候温度在56~65℃之间。"

采烟不仅温度高，技术难度也高，在中国徽墨的产地，民间有诗曰:"烟房点灯实难熬,赤身喘气入阴槽。熬尽灯油沥尽胆,留取乌金千秋照。"

兴福寺

晶子说:"现在还用这种传统方法收集烟灰的,全日本也就我们古梅园一家了。"

古梅园这种采烟方法学自工坊附近的兴福寺。在日本,最早掌握制墨技艺的是僧人,根据日本的历史记载,是朝鲜僧人将制墨技艺传入日本。

而事实上,这种采烟方法的根在中国。成书于1589年的《方氏墨谱》和成书于1637年的《天工开物》,都详细记载了制墨采烟的方法与种类。

《天工开物》说,墨是由烟和胶二者合成。其中用桐油、清油或猪油烧烟做墨的,约占十分之一,用松烟做墨的,有十分之九。燃油取烟,每斤油可获得上等烟一两多。手脚麻利的人,一个人可以同时照管收集油烟的灯盏200多副。如果刮取烟灰不及时,烟就会变老,同时浪费油料。用松烟制墨,务必要先使松树中的松脂流掉,松脂哪怕有一点没流干净,做成的墨就会有渣滓,并且怎么也去不掉……

《天工开物》是公认的世界上第一部关于农业和手工业生产的综

合性著作,绘有说明性的图案,曾经被翻译成日、英、德、法等国文字,对日本的制墨业影响深远。徽州制墨名家方于鲁编纂的《方氏墨谱》,在江户时代(1603—1867)也被收入日本文人所编的画谱中。

2

说到制墨方法的中日交流,还有一段公案需要说明。

在古梅园制墨技艺的发展历史上,成就最突出的是第六代传人松井元泰,他执掌古梅园的时候,大约是中国清朝的康乾时期。松井元泰对制墨技艺的探索,可以用痴迷来形容,他将一身宝贵的制墨经验形诸笔墨,有《古梅园墨谱》《古梅园墨谈》等专著传世。古梅园制墨技艺能够保存和流传,他的著作起到了至关重要的作用。最令人慨叹的是,古梅园制墨的所有工序,包括制墨器物的细节,都可以与几百年前松井元泰绘制的墨谱相互印证。比如在采烟这道工序中,唯一的不同大概就是图中的小人儿与现代匠人着装的区别。图谱中还清晰注明了采烟器具的大小尺寸、灯芯的种类,熬胶时使用的工具绘有图案,制墨中要添加的香料也一一说明。正因为有了这些,制墨这门古老的技艺在传承的同时,也积淀了历史的厚重。

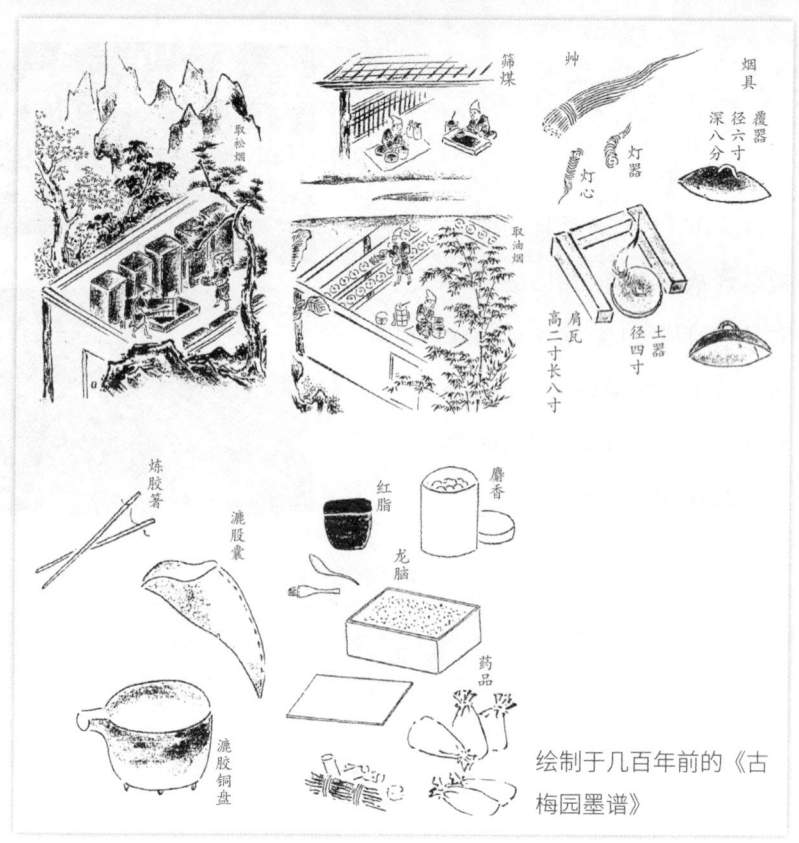

绘制于几百年前的《古梅园墨谱》

因为松井元泰收藏了许多中国的徽墨用于研究,他所画的图谱也与中国制墨的著作相近,不少中国学者推测他曾经身体力行,漂洋过海来到中国,向徽州的制墨名家请教制墨秘籍。有些传说更加具体,说他在康熙年间,曾专程来到婺源的虹关村学习,在其所著《古梅园墨谱跋》中,多次提及婺墨对日本制墨业的影响。

其实,松井元泰并没有到过中国。复旦大学教授王振忠说:"国内现有学者认为,松井元泰曾到过中国,与徽州墨商特别是婺源墨商有过一些技术上的交流,这完全是一种误解。持此观点者未曾读过《古梅园墨谱》,遂有这类想当然的看法。其实,在江户时代日本推行'锁国政策',只开放长崎一口与中国和荷兰通商,本国任何人都不得离开日本,墨商松井元泰自不例外。在这种背景下,他又焉能前往苏州与徽州墨商展开交流呢?他们之间的互动与交流,只能透过前往长崎经商的中国商人,这是显而易见的一个问题。"

根据王振忠的研究,1739年,经过官方的特许,松井元泰曾前往当时的"锁国之窗"——长崎,会见了从事中日贸易的数名清朝商人,对中国墨详加探究。他还通过前来长崎贸易的中国海商,与在苏州一带经商的曹素功以及詹姓婺源墨商有过交流。宽保二年(1742,清乾隆七年),松井元泰刊行了《古梅园墨谱》,此墨谱显然是模仿明代的《方氏墨谱》和《程氏墨苑》等,其中特别记录了徽墨的图式。

王振忠教授的说法在我与松井晶子的谈话中得到证实,晶子说:"家族的第五、第六、第七代传人与中国的制墨家交流很多,第六代传人松井元泰曾经到长崎与中国人一起交流墨的制法,比如说掺入什么胶比较好,如何选烟,用什么黏着剂好,等等。通过这些交流,他研究出了流传至今的红花墨的配方,家族的第七代将这个配方加以完善,才有了现在的古梅园。墨本来就是从中国传来的文化。"

3

将烟灰采集下来后,要与加入了各种香料和用动物骨头、皮革熬制的胶进行混合,制成墨泥。在墨泥混合的过程中,匠人必须根据每天的温度和湿度调整比例，否则造出的墨就容易断裂。

墨泥被压成墨锭之前，是它与匠人最亲近的时刻。

透过窗子，我看到一位匠人在小小的屋子里面，他的手脚和全身都是黑的，好像是刚从古老的煤窑中爬出来的矿工。匠人跪在一个长方形的盒子中，面前是一块如同案板一样的金属板。掀开膝下的布和一块棉毯，原来是一大团墨泥压在他身下。制作墨锭时，他用手从身下取出一块墨泥，然后站起身，像按摩师一样手握头顶的横杠，用一只脚使劲地揉搓这团墨泥，当黑泥变得非常柔顺时，他换作用手揉……匠人的手、脚、膝盖和整个身体在与这个墨团发生某种关系，把温暖与力量传递到这个墨团中，同时，也用自己的身体感知这个墨团的温度、湿度和硬度。随着匠人体温的升高，热度经由手心、脚心传到墨泥中，从而实现对墨泥的温度控制。和墨的

要诀在于匀、紧两字。墨泥有没有达到理想效果，全凭匠人用身体来感知。

和墨的过程，就是匠人的身体与黑泥融为一体的过程，它的微妙之处，旁观者永远无法感知。

晶子说："王老师，机会难得，请您去体验一下。"她转身问工匠："师傅，现在方便让我们捏一捏墨泥吗？"

匠人把他手中的那团墨揉成圆棒形递过来，我看到他的手，每一道指纹里都嵌入了墨泥，很难想象这是一位生活在21世纪的日本人，若没有全身心的挚爱，是不会如此投入的。

我想，匠人制墨需要的不仅仅是技术，更需要一种虔诚的品质。他们从事的是既枯燥又乏味的体力活，同样的动作可能要重复一千次一万次，且不能有任何差错。具备了这样的品质，任何事情都难不倒他们。

一个墨匠需要做10年左右的学徒，才能成为合格的匠人。他们必须在凌晨4时开始工作，而且必须在低温环境下，因为墨锭只有在寒冷季节才能生产。

 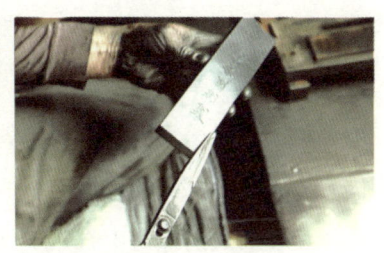

"您摸摸看，中国也有这种墨棒。"晶子笑着说。

墨棒拿到手里又轻又软，像是摸到一团鸭绒的感觉。

好奇怪，墨棒竟然能够做得如此细腻柔和。

匠人将和好的墨泥放到长方形墨模中挤压成形，取走墨模，一块压有"古梅园"字样的墨锭就生成了。

接下来就是晾墨，也就是墨的干燥过程。

古梅园晾墨有自己的独到之处。墨锭脱模后，先要在木箱中放置草木灰，将墨锭置于草木灰上，根据墨锭大小，干燥数日或者数周。

晶子说，晾墨是制墨工序中非常重要的一环，甚至可以说是成败的关键。如果墨锭断裂或者龟裂，就是因为干燥处理不当。古梅园的晾墨过程细致到可以用谨小慎微来形容，墨锭在草木灰中干燥后，还要在通风的晾房中自然干燥。用草绳打结，将晾房中的墨块系成长长的一串，然后像艺术品一样，一排排地从房梁上垂挂下来。成千上万的墨块排列成沉默而又尊贵的阵列，唯有系墨块的黄色草编绳会给这里增加一抹亮丽好看的暖色。

墨块的干燥要经历数月，但古梅园不会把成品立刻拿到市场上销售，而是让它继续缓慢地风干，有的需要1年，有的需要2年，有的则用时更长，甚至需要5年、10年。

一锭好墨的完成，工艺、经验和文化积淀缺一不可。古梅园正因为有着深厚的家族渊源，才使得几百年来的制墨技艺能够得到完好传承，并且始终保持着稳定的高水准。在现代人看来，古梅园的制墨技艺过于繁琐，没有效率，但这正是他们的坚持，坚持四百年如一的原料，坚持四百年如一的制法，制造品质上无限接近先人的墨品。

我想，坚守也是一种创新。当你身边的人经不住诱惑纷纷调头而去时，你就是那个历久弥新的唯一。有时，最为原始的，反而是最为新颖的。

日本人认为，好的书法无法用现成的墨汁来表现，需要由习书者手持长条形的块墨，自己注入清水在砚台上磨墨，通过这个过程去掉浮躁之气，进入思接千载的境界，与古人和传统文化沟通。宋

代文豪苏轼有诗云"非人磨墨墨磨人",苏轼喜欢藏墨,在他看来,不是人在磨墨,是墨在磨砺人的性格。而古梅园的制墨师傅说,"墨有忠顺之德"。好墨忠实顺从,从头到脚,每一寸肌肤都表里如一,不离不弃,让每一个用墨的人也能从中悟出做人的道理。

参观古梅园制墨的全过程,我深有感触的一点是,古梅园制墨特别讲究天人合一。比如匠人做墨锭的时候,那个师傅在小小的屋子里,整个人和墨团融为一体,把他的体温和挚爱不断地传导给墨团,使之发生某种化学反应。而晾墨的师傅,则要天天观察天气,根据天气情况的不同,决定自己的工作时间,经常在凌晨就开始了一天的工作。

只有依靠这种非常细腻的天和人之间的合作,才能做出古梅园的老墨来。

我把我的感悟告诉竹住亨,他说:"您能感受到这一点,我很感动,也很感激。古梅园正是因为心无旁骛地在这条路上一直走下去,自然而然地,我们的匠人就能和大自然心有灵犀,正如您刚才感受到的那样。"

我问松井晶子:"你的家族用十五代人创立这个古梅园的家业,今天落到你这样一个瘦小的女子肩上,是不是感到压力很大,责任很大?"

晶子在我面前坐下来,垂着眼帘说:"最初我还真的是感到迷茫。

古梅园制墨事业是先祖代代守护下来的，我想要守护这门传统制墨手艺，为了各位辛勤工作的师傅还有身后一直支持我的家人，我也要坚持下去。我确实感觉肩上的担子很重，但是我已经做好了心理准备，努力向前走吧。虽然其他公司都实现了自动化，我们仍然是采用传统的方法，把胶和煤灰混合在一起，定型之后，干燥风干，把墨锭一个一个做出来。这种传统制法古梅园会继续坚持下去。虽然现在使用墨的人越来越少，但是因为有大家的支持，古梅园才走到了今天。如您所说，古梅园本质上是一个企业，不赢利的话，员工的收入就会有问题。所以，在守护传统制作工艺的同时，我还想创制出新的墨品，平时我都在思考这件事情。我希望我们这种古老的制墨方法能够适应当下这个时代，并且继续传承下去。我也希望能够得到中国朋友和老师您的支持。我现在很喜欢制墨。我会继续努力。"

晶子说完这番话，抬起眼睛，目光里都是坚定。

我伸出右手握成拳头："晶子努力，加油！"

晶子笑了，她也伸出瘦小的拳头，喊了一声"加油"。

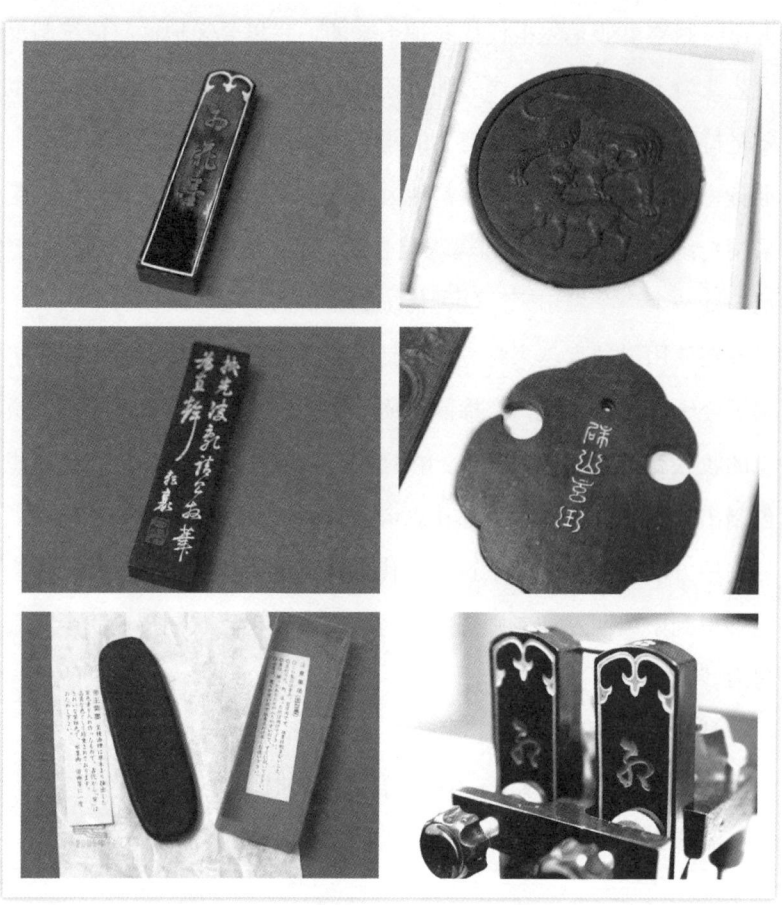

博文堂笔店

聪 明 人 的 笨 功 夫

  他手中铁梳子的齿不仅短了一截，而且细了一圈，让人想到铁杵磨针的故事，羊毛以柔克刚，反而让铁改变了模样。

  当一支笔或一件器物被一种锲而不舍的精神贯穿时，就会点石成金，价值连城。

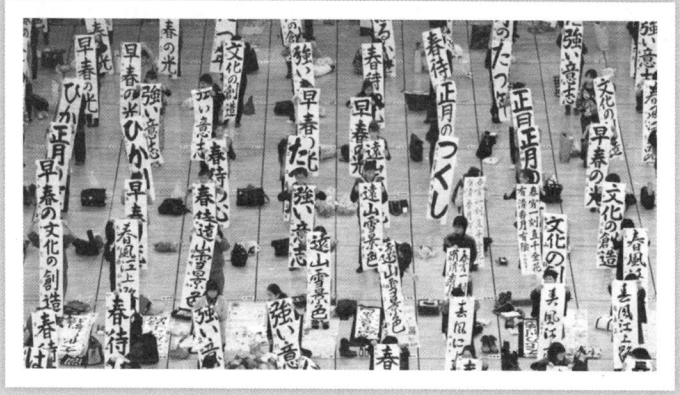

在前往奈良的制笔作坊博文堂之前，我看了一段录像：京都清水寺住持森清范在"清水舞台"宽1.3米、高1.5米的越前和纸上，挥毫写下2016年年度汉字——一个大大的"金"字。

高僧书写年度汉字的传统从1995年开始至今，已有20多年的历史。而许多学生和少年聚集起来，在广场集体书写汉字的场面，也经常能在日本看到。

日本将每年的12月12日视为"汉字之日"，许多地方都会在这一天组织具有仪式感的写汉字书法活动。

望着清水寺高僧写下的大字，我心想，不知道他用的是不是博文堂的毛笔。

博文堂在日本的奈良，奈良是日本毛笔工艺的发源地，也是充满唐风的古都，许多面相超萌的小鹿漫步在木结构的唐代建筑群中，带给人一种静谧安详的感觉。

我到达奈良那天，天气格外晴好，艳阳高照，乘坐的出租车光可鉴人，让人的心情也爽朗起来。正走着，突然看到车窗外出现了唐招提寺的身影，顿时，一种庄严和感动贯注于胸。唐招提寺是由我国唐代高僧鉴真和尚亲自主持兴建的,这座具有盛唐建筑风格的建筑物是日本佛教律宗的总寺院,被确定为日本国宝。公元759年,鉴真(688—763)在第六次东渡日本成功后,开始建造唐招提寺,11年后完工,寺院大门上红色横额"唐招提寺"四字是日本孝谦女皇仿王羲之、王献之的字体所书。

路过唐招提寺之后,穿过了一条不算繁忙的铁路,我来到一栋仿唐的老屋前,这就是制笔工坊博文堂,一个有百余年历史的毛笔老店。

1

博文堂笔店规模不算大,总共不过百十平方米,但这并不妨碍它成为一个小型毛笔博物馆。这里有很多在中国见不到或是极少见的毛笔,光是猜测这些毛笔所用材料,都需要一些想象力。来自文房四宝之国的我,忍不住想上手一试。

我拿起一支笔,笔头上白色的毛非常蓬松柔软,而且完全是岔开的,笔前端的毛一样长,如同一把圆形的小刷子。这种笔头在中国的毛笔中间,我还真没看到过。

"这是可以用来写字的笔吗?"

堂主山添和男笑着说:"对的,这支笔可以用来写字。蘸上墨之后就会变成毛笔的样子了。"

"这好像是兔毛?"

"不,这是鸡毛。"

笔的种类非常多,细细看来,每一支笔都十分精致。

博文堂制笔选用的是兔、马、鹿、松鼠、狐狸等动物的皮毛,工匠根据不同材料的特点,做成大小、长短、刚柔各异的毛笔。我把一支褐色的毛笔放在面颊上试了试,感觉非常柔软舒服。

山添和男说:"因为用的是和化妆刷一样的毛哦。"

山添先生坦言,日本的毛笔技艺得益于中国,要感谢中国。

笔作为一种传播工具,对人类文明的发展有着非常重要的意义。人类最早的笔不过是能在地上画出痕迹的树枝、木棒、骨头等,古代苏美尔人就是用这种笔在泥板上画出了闻名世界的楔形文字。古埃及人曾用木炭棒将自己的象形文字记录下来。后来由于出现了甲骨和石板等载体,又有了刀笔。随着布料和竹简的出现,为了更方便、更快捷地书写,蘸水笔开始出现。其中中国人发明的毛笔最具革命意义。毛笔以竹节做杆,动物的毫毛为笔头,制作简易方便,书写

快捷。毛笔把字写到竹简上,人类早期的出版物——书就出现了,极大地普及了文化和思想的传播。

中国的汉字多是会意字,笔字的古体写法为"筆",如果望文生义,则上面是竹,下面的小篆"聿",像

是一个人以手执笔在书写。《说文解字》中解释"笔"：此秦制字。秦以竹为之，加竹。解释"聿"："所以书也。"中国最早的毛笔实物是在湖北省随州市擂鼓墩曾侯乙墓中发现的，经鉴定是春秋时期的毛笔。后来，在湖南省长沙市左家公山出土了战国笔，在湖北省云梦县睡虎地、甘肃省天水市放马滩出土过秦笔，在长沙马王堆出土过汉笔……

由于毛笔就是当时文人们的饭碗，所以咏笔的诗歌非常多，毛笔也有了许多有趣的别称：

一曰管："今来承玉管，布字改银钩。"（隋·薛道衡《初学记·咏苔纸》）"玉窗抛翠管，清袖掩银鸾。"（唐·李远《观廉女真葬》）

二曰毫："夜开金钥诏辞臣，对御抽毫草帝纶。"（宋·王安石《题中书壁》）"文今乏寸毫，武也无尺铁。平生所韬蓄，到死不开豁。"（唐·陆龟蒙《奉酬袭美先辈吴中苦雨》）"觉来落笔不经意，神妙独到秋毫颠。"（宋·苏轼《仆囊于长安陈汉卿家，见吴道子画佛，碎烂可惜。其后十余年，复见之于鲜于子骏家，则已装备完好。子骏以见遗，作诗谢之》）

三曰颖："我行何所挟，万里一毛颖。"（宋·陈渊《墨堂文集》）"陶泓面冷真堪唾，毛颖头尖漫费呵。"（金·庞铸《冬夜直宿省中》）

四曰翰："亦曾戏篇章，挥翰疾蒿矢。"（宋·王安石《送董伯懿归吉州》）"弱冠弄柔翰，卓荦观群书。"（西晋·左

思《咏史》)

五曰毛锥:"仰枕槽丘俯墨池,左提大剑右毛锥。"(南宋·杨万里《诚斋集》)

六曰麟管:有毛笔联云:"兔毫推赵国;麟管赐张华。"介绍兔毫笔传于赵国始制,笔管镌麒麟为晋代张华所制并成为皇宫赏赐物。

七曰圆锋:明代学者彭大翼的《山堂肆考》云:唐时,赶考举子将入场之际,嗜利者争卖"健毫""圆锋"名笔。其价高过平时十倍。

八曰龙须:传统淮剧《龙须颂》曰:"再释其笔,曰龙须友。"

九曰鸡距:"不得兔毫,无以成起草之用;不名鸡距,无以表入本之功。"(唐·白居易《鸡距笔赋》)

十曰湖颖:所谓"颖",就是指笔头尖端有一段整齐而透明发亮的锋颖,业内人称之为"黑子"。湖颖,是湖笔最大的特点。

此外,毛笔还有鹿毛、鼠须、麟角、管城子、中书君、毛锥子、佩阿、昌化等别称。

大约在公元5世纪的时候,出于撰写佛家经文的需要,笔和墨由僧人从朝鲜带入日本。9世纪,日本僧人空海从中国带回长穗毛笔,将其制作工艺传予笔匠坂名井清川,并把做好的毛笔献给了嵯峨天皇,日本这才有了关于毛笔的书面记载。

日本现存的最早传入日本的中国毛笔,被称为天平①笔,大约有17支(一说21支),全部收藏于奈良的正仓院,而中国却找不到这种毛笔的遗存了。

山添和男说:"日本大概从1000多年前开始制造毛笔,先人把中国流传过来的东西改造成了日本特有的,尤其是进入昭和年代之后还属于艺术品,到江户时代之后,造笔技术有了飞速的提升。如今,奈良、丰桥和广岛市附近的熊野是日本毛笔的三大制作中心。其中熊野是迄今为止规模最大的毛笔生产基地,占日本手工毛笔产量的80%左右。"

博文堂笔庄主人山添和男

---

① 天平,是指圣武天皇统治的天平时期(724—748)。天平文化也泛指整个奈良时代(710—794)的文化,盛唐文化在那一时期被大量移植到日本。

据说，山添和男的先祖从江户时代就开始做毛笔了，但是真正有史料记录证明的，是从明治时代开始到现在，传到山添和男，已经是五代传人，大约有100多年的历史。

山添和男告诉我："博文堂的毛笔，一般都是用顶级的毫毛制作的，不论在中国还是在日本，这种顶级毫毛的价格都非常昂贵，而且很难买到。但是它的原材料不是日本产的，而是从中国输入的，如果中国不卖给我们这么好的毛，我就做不出这样好的笔。

"制作毛笔最关键的原材料就是动物的毛。毛的质量，决定了笔的优劣。我父亲很早以前就从中国把这些材料买全了，是大量购买，囤积在仓库里，然后精心保管，不能生虫子，我们现在仍然在用这批羊毛。所以说博文堂的毛笔，最好的就是羊毫。"

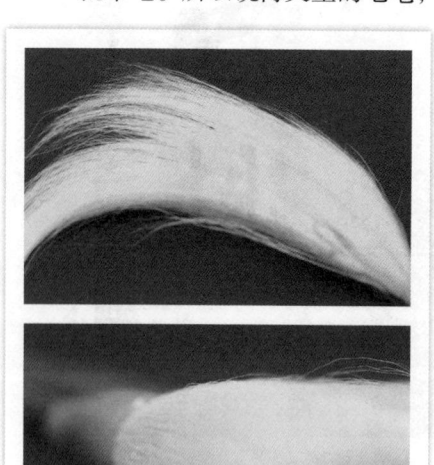

山添先生手上拿的一支毛笔标价为70万日元，粗略一算，大约相当于人民币4.2万元。这种价格的笔在博文堂还是中档的，许多特制的笔更是有着让人咂舌的天价。

山添家族购买的是那种身披长毛的白山羊的毛。50多年前的羊是吃草长大的，不吃人工饲料，没有生长激素，成长的周期非常自然，所以羊毛的质量是最好的，制成毛笔当然价格也格外高。也许,那时的日本已经十分注意环保,很少养山羊了。

对中国来的客人,博文堂不介意公开自己的制笔工艺。川西俊哉是博文堂的老工匠,他21岁开始学习做笔,至今已有37年。在日本,做笔手艺高超的工匠被尊称为笔司,川西俊哉就是博文堂的顶级笔司。

奈良的制笔匠人,从开工到完工的每一道工序都是独立完成的。这与中国的制笔工艺流程不同,中国是按照流水作业的方式,每人分管几道工序,由几个人共同完成一件作品。我问山添和男,日本做毛笔的工匠和中国的同行彼此之间有过交流吗?

山添和男说他本人去中国的制笔工厂参观过,而日本的制笔匠人则很少会到中国去。

按照日本工匠的制笔方法,大的程序有12道,小的程序有100多道,制一支笔的整个过程需要两到三天。所以老工匠川西俊哉说,他只能"稍微"演示一下,如何用非常珍稀的中国羊毛,制作一支羊毫笔。

他拿起一小把产于中国的羊毛,这羊毛因为长时间的贮存,从雪白变成了淡黄,这让我想起了希腊神话故事中的金羊毛。金羊毛被看作稀世珍宝,它不仅象征着财富,还象征着冒险和不屈不挠的意志,象征着对理想和幸福的追求。很久以来,希腊人对它传说纷纷,许多英雄和君王都想得到金羊毛。博文堂的"金羊毛"也可以当成匠人理想的象征。

博文堂笔庄笔司川西俊哉

川西俊哉小心地用细密的铁梳子梳毛，去掉毛料中那些粗糙的卷毛和杂毛。在去除的过程中，既要快速，又要做到不剔除任何一根好毛。这种看似简单的工作，非常考验手感和技巧。

川西俊哉把羊毛放在手里反复地梳理，反复地撕扯，感觉羊毛在他手里特别听话，本来杂乱无章的羊毛立刻柔顺了。我看到，他手中铁梳子的齿不仅短了一截，而且细了一圈，让人想到铁杵磨针的故事，羊毛以柔克刚，反而让铁改变了模样。

第一次梳理后，从毛根上把它弄齐，根据其长度把毛分开，刚才的一把毛分成了4个长短不一的小把，这样一次可以做4支笔。川西俊哉说，如果按照正常的操作，他一次会同时制作十几支毛笔。

然后开始脱脂。脱脂，通俗点说就是把羊毛上的油去掉，否则笔就不吸墨。中国人制笔时，是把羊毛弄湿，放在石灰水里脱脂，而川西俊哉是把羊毛放在一块木板上，撒上谷糠烧成的草木灰，然后用加热后的电熨斗把毛压住，这样既能把弯曲的毛捋直，还能把油和异味去掉。加热之后，再用鹿皮把羊毛卷起来，反复揉搓，脱脂就完成了。

"剔毛"和"搓毛"的工序完成后，川西俊哉拿出一把前端尖锐却没有刃的小刀当工具，把混在羊毛里头的倒毛择出来。他的手很快，一会儿桌上就落下了一层毛。他把这些择出来的毛放进脚下的筐里，说是还可以用在别的地方。

在博文堂这个方寸之地，川西俊哉沉浸在自己的工作中，火车轰鸣而过的声音，越发让这里显得安静。在采访日本匠人的过程中，我有幸目睹了很多大师级手工匠人的工作状态，那种全神贯注沉浸在人与物之间的画面，非常打动人心。日本有"工作禅"之说，意思是匠人对待工作心无旁骛，仿佛处于僧人禅定的状态。另外，他们会把自己所用的材料看成一个生命体，极尽所能地善用它们，这种态度或许是源于佛教对传统工艺的影响。川西俊哉把工作当作修行，他精心对待手中的羊毛，从来不敢有丝毫马虎。

按照中国的说法，毛笔有"四德"。君子的四德是"仁义礼智"，毛笔的四德是"尖齐圆健"。"尖"，是指毛笔开笔后，锋颖锐利，笔尖写字锋棱易出，传神有力。"齐"指笔尖润开压平后，毫尖平齐，中无空隙，毛笔受力均匀，富于表现力。"圆"指笔毫圆满，笔中部和根部浑圆，蓄墨能力强，写出的字浓润圆熟。"健"指笔的弹力，笔锋弹性恰到好处，毛笔能在受压后迅速回复原样，如此写出的字俊拔刚断，笔势坚劲。

制笔，追求的就是毛笔"四德"兼备，以保证其有充分的表现力，准确传递书法和绘画的神韵。

川西俊哉完成了择毛工序之后，把羊毛放入了水盆中，开始制作"命毛"。日本人称毛笔的笔尖为"命毛"，中国人称其为"颖"，它的好坏决定了一支笔的质量。川西俊哉处理命毛时采用的方法是，先把羊毛弄湿，根据笔的特性来决定笔穗大小，一丝不苟地重复散开和撮合毛料的动作，然后把羊毛剪成不同的长度。

川西俊哉是用一块标有尺寸的模板剪毛的，以 0.5 毫米为一种长度递进。而一些中国毛笔在制作中是按照短锋、中锋、长锋几个长度剪毛，相比之下，日本毛笔比我们做得精细许多。

剪裁之后的羊毛再混合在一起，笔锋的走向真正实现了圆润利落。为了保证命毛的质量，他在整个制笔过程中反复把不合适做笔尖的毛去除。

如此"吹毛求疵"，是为了精益求精，无需修剪笔尖，就可以得到上好的毛笔。

终于可以开始制作笔芯了。这个步骤俗称"扎头"，川西俊哉不断地用毛巾把手擦干，力求笔穗细密工整。笔芯成形后，还要多次剔除不合适的乱毛，然后涂上淀粉或胶水，以确保干燥的过程中形状不变。

一支羊毫笔的笔芯基本完成后，川西俊哉用一种可以保养皮肤的海草胶将其浸泡，以起到呵护笔毛的作用。

不要嫌烦，还有一道工序：在笔头周围要安上装饰性的毛，使

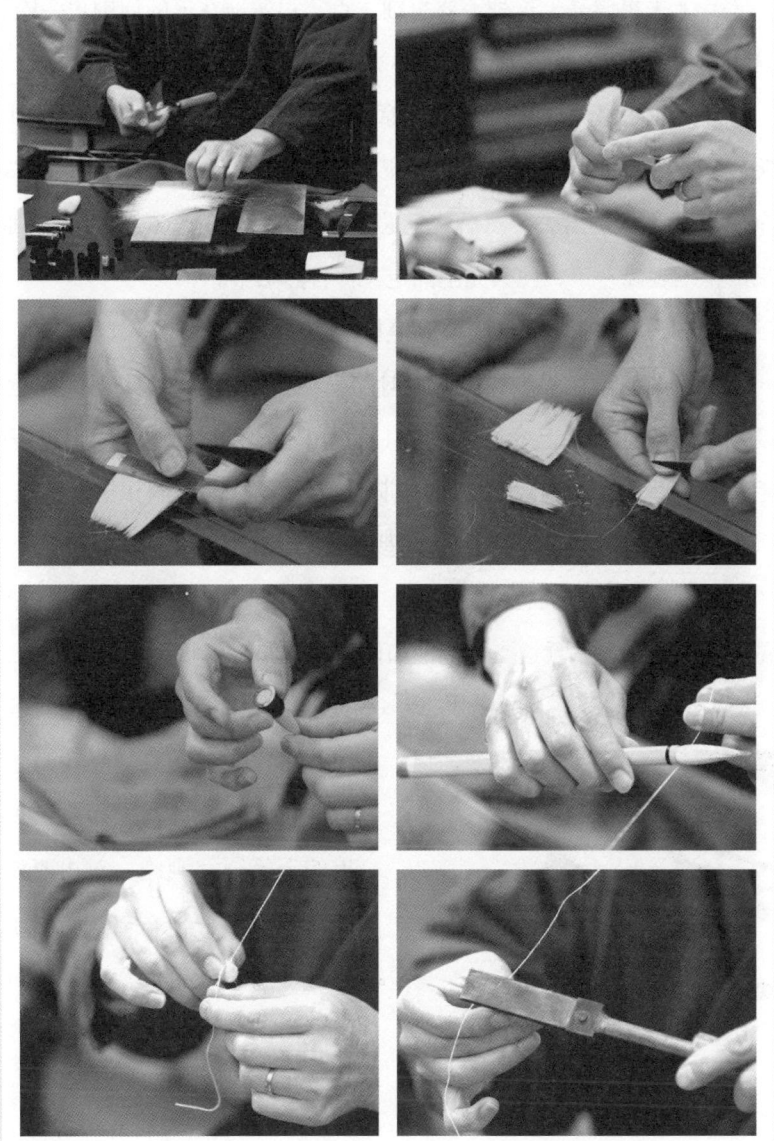

毛笔看上去更漂亮。这种毛要更细一点,很薄地在笔的周围包一圈,这叫化妆毛。

经过以上几道工序之后,他拿出一根质量上乘的细麻绳,一头叼在嘴上,一头用手扯住,把笔芯缠绕在绳子上拉紧并旋转,将多余的海草胶水挤出去。然后将笔芯从根部系紧,用电烙铁将绑住那端的羊毛轻燎一下,使其完全固定,再自然晒干。

最终,用粘胶把笔芯安装到笔杆上。

在整个演示过程中,川西俊哉端坐桌前,以不辜负每根毛的态度成就匠心,一支上好的毛笔完工了。中国、日本,包括使用中国毛笔的那些国家和地区的书画家们,就是用这些精心制作出的毛笔,画出了最美的图画,写出了飘逸的书法。

得到川西俊哉的首肯后,我拿起他用中国羊毛做出来的长锋笔试着写了写字,看看这支笔笔性如何。

在我执笔蘸墨写字的过程中,川西俊哉一直站在我身边微笑着观赏。能让人用自己做出的毛笔写字画画,对川西俊哉而言,是一种幸福。而对于我这个使用者来说,也感觉自己写出的每一个字,都是一种情感和美的传递。

作者用博文堂毛笔书写"福"字

2

奈良不仅是日本毛笔制造业的发祥地,也以出产优质毛笔而闻名。博文堂作为奈良的知名毛笔商家,自然也有镇店之宝。

这里有几支造型很特殊的毛笔,看上去比别的笔大了许多,笔杆粗壮且长,笔锋却比一般毛笔短许多,有点像"蒜头",整个造型可以用壮实和扎实来形容。

笔上竖着刻了三行字:

文治元年八月二十八日开眼

法皇用之

天平笔

山添和男告诉我,这是以正仓院的"天平宝物笔"为原型仿制的,大小粗细长短都和藏品一模一样。原笔制造于文治元年(1185),已经有将近1000年的历史了。

在日本,如果想仿制正仓院唐代的"天平宝物笔",必须向对方申请,得到允许后才能制作。

正仓院所藏的这些唐代毛笔,在中国还没有发现过实物,因此许多学者看到这种造型特殊的毛笔，都会眼前一亮。根据历史记载，这种笔只出现在中国的唐代，名字叫"鸡距笔"。

奈良的正仓院，是日本奈良时代东大寺的仓库，位置在大佛殿西北面，于756年启用。这一年，笃信佛教的圣武天皇驾崩，光明皇后在他去世后七七四十九日的忌日法会上，将天皇日常用品及珍藏物品交东大寺保管，东大寺把这批遗物收入正仓院。同时，也将其他达官贵人和僧人捐献的宝物收藏其中，约300件，大多为唐代传入日本的中华精致文物或是经由中国传入日本的西域文物，还有奈良时代日本模仿唐代器物所做的文物，包括绘画、书法、剑、镜、武器、乐器、法器、文房四宝、图书、药品、香料、漆器、陶器等。这批文物因为有天皇捐赠文物之尊，因而得到很好的保护。20世纪80年代，中国甘肃歌舞团排演大型舞剧《丝路花雨》，从敦煌壁画中看到许多种唐代乐器的图样，却无法知道乐器的大小和尺寸，后得知正仓院有几乎全套的唐代乐器实物，派人来测量、拍照，终于仿制了螺钿紫檀阮咸、螺钿紫檀五弦琵琶等全套的仿唐乐器，并取得轰动世界的演出效果。

正仓院藏有唐笔17支，笔管由梅罗竹、斑竹、豹纹竹、筱竹等制作，其中有装饰金银和象牙的，也有缠绕黑丝的。笔管上端饰以象牙、紫檀等，笔帽如闭伞形。学者马恒臻先生认为，这就是古人所说的"鸡距笔"，盖其锋亦恰短如鸡距也，毫内近根处裹以麻纸。马衡《记汉居延笔》云："正仓院所藏古物多为唐制。天平笔之制作，与王羲之《笔经》所记，类多相合，《笔经》是否为晋时作品，虽不敢必，而非唐以后人所作，则可断言也。《笔经》言，先用人发杪数十茎，杂青羊毛并兔毫，惟令其平，以麻纸裹住根令治……此天平笔被毫已脱，惟存其柱，根柱裹之，疑即麻纸也。"

"天平宝物笔"即"鸡距笔"（一名雀头笔），是以笔的形状来命名的。鸡距是指鸡爪上端一个突出的类似指甲的部分，尖且硬，雀头与之类似。两个名字指的是同一种毛笔。有学者分析，这种笔的出现，是因为到了魏晋南北朝前后，可供写字的纸张相当普及，但由于质地粗糙，以前往光滑的竹简和绢上写字的散扎笔不适应了，于是笔中"硬汉"——扎腰裹身的硬笔鸡距笔应运而生。

正仓院所传之唐代鸡距笔笔头采用的是卷心法，即麻纸做的笔芯占笔头五分之三，在中心的"命毛"上卷纸，其次加毛，再次加纸，次又加毛，如此数层包缠而成，共有四层纸，五层毛。这种笔，毛少笔硬管粗，适合写小字或抄经。

唐代的白居易有《鸡距笔赋》：

足之健兮有鸡足，毛之劲兮有兔毛。就足之中，奋发者利距；在毛之内，秀出者长毫。合为乎笔，正得其要。象彼足距，曲尽其妙。圆而直，始造意于蒙恬；利而铦，终骋能于逸少。始则创因智士，制在良工。拔毫为锋，截竹为筒。视其端若武安君之头锐，窥其管如元元氏之心空。岂不以中山之明视劲而迅，汝阴之翰音勇而雄。一毛不成，采众毫于三穴之内；四者可弃，取锐武于五德之中。双美是合，两揆相同。故不得兔毫，无以成起草之用；不名鸡距，无以表入木之功……其不象鸡之羽者，鄙其轻薄；不取鸡之冠者，恶其软弱。斯距也，如剑如戟，可系可缚。将壮我之毫铓，必假尔之锋锷。遂使见之者书狂发，秉之者笔力作。

  白居易在他的赋中极言鸡距笔的短促有力，"如剑如戟，可系可缚。将壮我之毫铓，必假尔之锋锷。遂使见之者书狂发，秉之者笔力作。"
  唐代中国制笔业的发达，也造就了大批名垂青史的大书法家和画师，这些人的书法绘画至今还在滋养着中国文化。比如初唐四大书法家欧阳询、褚遂良、虞世南和薛稷，个个身手不凡。欧阳询的字被称为"欧体"，后人称其书于平正中见险绝，于规矩中见飘逸，笔画穿插，安排妥帖，最便于初学者。欧阳询的《皇甫诞碑》被称为"唐人楷书第一"，我小时候第一次临帖，就是临欧阳询的字。还有草书圣者张旭，这是一位极有个性的草书大家，他常喝得大醉，呼叫狂走，然后落笔成书，甚至以头发蘸墨书写。据说，唐文宗李昂曾经御封李白诗歌、张旭草书、斐旻剑舞为天下"三绝"。另一位狂草大家是和尚怀素，他的字笔走龙蛇，狂放不羁，飞动自然，法度完备，深得毛泽东的喜爱。张旭与怀素在书法史上被并称为"颠张狂素"。颜真卿在书法史上，是继二王之后成就最高、影响最大的书法家，他的字化瘦硬为丰腴雄浑，体现了大唐繁盛的风度，他与柳公权并称为"颜柳"，有"颜筋柳骨"之美誉。唐代的大画家有阎立本、吴道子、尉迟乙僧、张萱、周昉等人，人们从他们的绘画中了解的历史，比许多文字记载更为真实可靠。

3

奈良被日本人誉为精神的故乡。中国人到奈良，如同身在日本心回唐朝。任由博文堂毛笔带领我神游大唐，我更深地体会到中日文化异域同源。明朝时，日本使节"答里麻"向明太祖朱元璋报告日本风俗时写了一首五言诗，《答大明皇帝问日本风俗诗》：

> 国比中原国，人同上古人。
> 衣冠唐制度，礼乐汉君臣。
> 银瓮储新酒，金刀脍锦鳞。
> 年年二三月，桃李一般春。

意思是日本一切都在向中国学习，衣冠学的唐朝，礼乐学的汉朝，每年到了二三月，也一样要过春节。

因有徐福出海，因有鉴真东渡，中日文化真可谓水乳交融，浑然一体。尤其是鉴真，他将中国佛法、建筑、医术、饮食等方方面面引入日本，奠定了日本传统文化的基础。今天，日本人尊称鉴真大和尚为其文化恩人。在与博文堂主人的对话中，他多次提及日本毛笔能有今日的成就，首先要感激中国。但是，我觉得日本人在继承与发展中国文化的过程中，积极巧妙地融入了自己的巧思与创新，使之成为独特的新面孔。我们也要感激日本能如此完好地保存中国

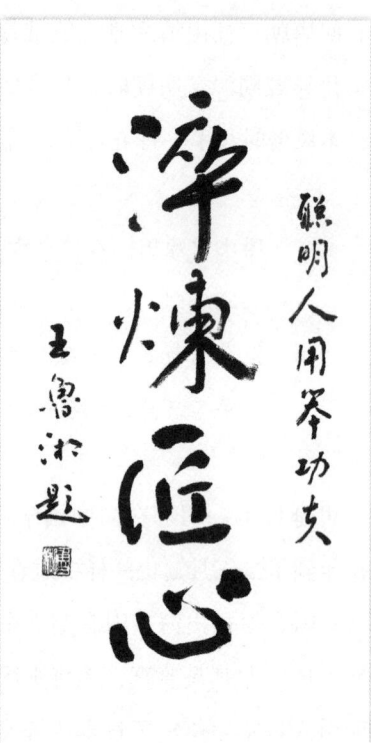

聪明人用笨功夫

王鲁湘题

聪明人用笨功夫能工巧匠皆凡此

岁次丁酉秋月王鲁湘书

大巧若拙

淬炼匠心

唐代大批的宝物，使我们能亲身感受所谓的盛唐气象，了解其开放包容的历史和现实意义。

　　我一直以为，日本这些年正在以举国之力保护传统文化，对传统技艺和民间工匠非常重视，制定了一些措施，给过很有力的支持。然而，山添和男先生告诉我的事实却让人平添惆怅。他说，像博文堂这样有相当知名度的制笔工坊也不会得到政府的任何资助，甚至连一些像样的宣传也不会做。当地传统文化的传承者们只能自己建立一个团体，共同出资进行文化宣传和推广。这和我了解的情况有点不一样。那么，在没有政府支持的情况之下，完全靠市场的力量来维持，日本民间的工艺与工匠能坚持下去吗？

山添和男说:"日本书法界的情况和中国是一样的,就连我自己也基本不用毛笔写字了。在学校里,书法课也被计算机课取代。在日本,开设书法课程的学校越来越少了,这是日本的现状,我无力改变。我唯一能做的,就是办一些传承传统工艺的培训班,让那些老的匠人,把手艺传给后人。不然的话,等他们去世了,这些手艺就完全没有了。我很努力地在做这件事,一直在为此事而奔忙。"

博文堂走过的一百多年,是毛笔书写走向没落的一百多年。经历了大浪淘沙,博文堂在与时代的逆行中生存了下来。博文堂的笔和代代相传的匠人匠心让我看到,日本匠人常以几世生命专注于一件事,这种执着与坚守本身就是奇迹,就是文化。当一支笔或一件器物被一种锲而不舍的精神贯穿时,就会点石成金,价值连城。

但是,历史的碰撞与沿革,总是交织着历史的唏嘘和感叹。山添先生也不得不承认,毛笔制笔业的发展空间非常有限。山添先生从父辈手中接管了博文堂,但是他的儿子并没有子承父业的意愿。同样,很多掌握传统手工制笔技艺的匠人也面临后继无人的现实。山添先生认为,传统的手工业必须营造创新、创造的文化氛围才能生存下去,一味地守成求稳,会在竞争中处于下风,也会失去对年轻人的吸引力。博文堂毛笔必须努力求新求变,在品种上和质量上都要达到新的高度,比如对天平笔的仿制就是一种创新的尝试。

山添和男虔诚地相信,只要把笔做得更精致,让更多人获得使用毛笔的美好体验,博文堂应该会有下一个一百年。

能乐鼓师

物 我 为 一

把最古老的东西和最现代的东西进行结合,用中国的源头之水创造出了另一种全新的文化。好像是一个女儿嫁了一个很好的人家,很受优待,把娘家的东西传承保护得非常好,反而是她的娘家这边由于种种原因,许多好东西都失传了。

我来到日本横滨那天,已是傍晚。这个毗邻东京湾的港口城市,灯火阑珊,海风徐徐,颇有诗意。横滨是仅次于东京的日本第二大城市,是日本历史上东西方交流的重要地区。

横滨给我印象最深的是那条号称世界之最的"中华街":高大的中式牌坊,以"北京""王府井"字样命名的饭馆,金碧辉煌的关帝庙和妈祖庙,让遥远的乡愁、故土的温暖一起涌上心头。

掺入了浓郁日本味道的中国菜让我想到了第二天的采访,横滨的能乐不就是这样一道有着日本味道的中国菜吗?

横滨能乐堂所在的街道有一个极好听的名字:红叶之丘。

能乐堂是一座由古代加贺藩诸侯"前田家"修建的剧场,主要功能是用于观赏古装"能剧"表演。木质的舞台是按照140年以前的造型修复还原的,描绘于舞台镜面上的松竹梅传递着古雅的审美,也是日本古典舞台艺术的重要标志。能乐堂有501个座位,全年间各个时期均举办各种演出,向世界介绍日本的传统戏剧。

我到这里,为的是寻找能乐鼓师大仓正之助先生。

1

能乐,是日本独有的一种舞台艺术,是佩戴面具演出的古典歌舞剧,由从中国传入日本的舞乐和日本的传统舞蹈融汇而成,在国际上享有很高的知名度。

学者墨玖歌用通俗的语言解释了能乐:"'能乐'是'能'(古典歌舞剧)以及'狂言'(古典滑稽剧)合起来的称呼,前者可以理解成'音乐剧',后者可以理解成'相声'。因为音乐剧太慢太长太不跌宕起伏且太难懂,以至于观众需要中间有个人上台来用诙谐轻快的语调概述一下刚才都唱了些什么。"

能乐在日本传统艺术中的地位,类似于中国的京剧和昆曲。

但是能乐与京剧又有许多不同。

一是中国京剧表演的时候,很难看到乐队的身影,乐队是坐在后台伴奏的。而日本能乐乐队演奏是正式表演的一部分。

二是中国京剧的乐队乐器比较多,有京胡、京二胡、唢呐、笛、单皮鼓、檀板大锣、铙钹等。日本能乐乐队只有四种乐器:笛子、小鼓、大鼓和太鼓。

三是中国京剧每出戏每个唱段都有固定的曲谱,规定演奏者什么时候要演奏出什么音高的音符,每个音符要演奏多长。日本能乐乐器伴奏基本上只有节奏没有旋律,一切都是相对的,但这让舞台表演充满张力与变数,可谓是简单中见神奇。

四是中国京剧的乐队在正式演出中,不能发出乐器以外的声音。而日本能乐除四种乐器外,还有一种不可或缺的声音贯穿表演始终,那就是大、小鼓和太鼓演员在击鼓的同时,不停地发出吆喝声。这种看似随意的表演,其实是有严格规定的,不能随意更改或者加以个性化的修饰。鼓师发出的声音既推动剧情的发展,又可以提醒并协助舞台上角色的表演。

为了与大仓正之助先生见面,我自己动手制作了一个相框,正面是我的一幅书法"一鼓作气",背面是一幅画,画的是日本的一尊神——大黑天。大黑天本是佛门的护法神,但在日本人心目中,他也是掌管农业与财富之神。大黑天的形象是手拿金槌,坐在米袋子上。我则更愿意把大黑天手上的金槌看成是一面小鼓。

大仓先生来到观众席与我握手。他60岁,长脸,浓眉,凤眼,一头向后梳得整整齐齐的长发,腰板挺直。

寒暄之后,我送上了我的礼物。原以为大仓先生能够理解"一鼓作气"的意思,不料大仓先生说:"我想知道其中更具体的故事,您能不能解释一下?"

我向他解释,在中国的远古时期,鼓被尊奉为通天的神器,是祭祀的器具。古代的狩猎征战中,鼓也有着重要作用。在2300多年前的春秋战国时代,军队作战以鼓声来指挥,不同的鼓声代表着前进、后退或进攻的命令。有一次,齐国的军队与鲁国的军队交战,齐国的军队击了三次鼓之后,鲁国的军师曹刿才下令击鼓攻击,结果鲁国大胜而归。人们请教他取胜的原因,曹刿说:"战,勇气也。一鼓作气,再而衰,三而竭。彼竭我盈,故克之。"意思是,打仗要靠勇气。第一次擂鼓能振作士兵们的勇气;第二次擂鼓时,士兵们的勇气就会减弱;等到第三次擂鼓时,士兵们的勇气已经枯竭了。齐国的军队击鼓三次,勇气已经枯竭,而我方的勇气正盛,所以打败了他们。

大仓先生饶有兴致地听完,评价道:"真有智慧。"

我请教大仓先生:"横滨能乐堂这么庄严肃穆,我想到舞台上去和大仓先生交流,但是不知道应该怎么去,穿鞋还是穿袜?"

大仓先生是个细致的人,他早已为我和翻译李淼准备了白色的布袜,是大脚趾与其他四个脚趾分开的那种。我换上干净的布袜,跟随大仓先生来到了后台。

在那儿,我看到了大仓先生的大鼓。

大鼓的鼓身俨然是件漆器工艺品,是用一整截樱花木做的——

那是一株树龄650年的樱花树。鼓身的形状像是两只高脚杯在底部合为一体，上面用莳绘的方法描绘出各种非常摩登的图案，每一个线条和纹路都非常漂亮。

我感叹道："这比我们在东京国立博物馆看到的年代还要早很多。"

大仓先生抚摸着他的鼓说："如果同样的东西放在东京国立博物馆，几乎没有任何人能触摸得到，工作人员要拿的话，也要戴上白手套，因为它是非常珍贵的文物。而我每天都用这件国宝级的文物来演奏。"

大仓先生的鼓是家族传承下来的，其中的一些零件属于室町时代（1336—1573），距今已有600多年的历史，因为有大仓家族历代大鼓传承人的细心保养和维护，才能保存到今天。

我仔细地看了几只鼓身上的图案，有一只鼓身上画了两只狮子，一只是闭着嘴的，一只是正在张口吼叫的。在佛教故事中，文殊菩萨通常是手持慧剑，骑乘狮子，比喻以智慧利剑斩断烦恼，以狮吼威风震慑魔怨。

鼓身上还有贝壳的图案，枫叶的图案，牡丹的图案。

大仓先生告诉我："狮为百兽之王，牡丹是百花之王，它们共同构成了日本的国宝。今天我会用这只画着狮子的鼓为您演奏能乐《狮子》。"

大鼓的鼓面是马皮做的，每次演出前，都要在炭火上进行烘干。

大仓先生分别敲了敲两个不同的鼓面,声音清脆响亮的是烘干过的,而声音较闷的那个鼓面,是没有烘干的。

平时,大鼓的鼓身和鼓面必须分开,只有在表演前才会用一根橘黄色的长绳穿过固定孔将二者绑到一起。演奏结束之后要特别谨慎地将鼓擦净、磨亮,再分解开,如果图省事不分解的话,下次再用的时候,鼓皮就可能出问题。

大仓先生一边绑着鼓,一边告诉我:"如果按照先人传下来的办法使用,这只鼓可以用好几百年,甚至用1000年都没有问题。这也是一种智慧。"

绑大鼓和绑小鼓的绳子粗细不一样,所用力道也不一样。大鼓的鼓皮厚,鼓面一定要保持干燥,小鼓的鼓皮薄,鼓面则需要有点湿度。所以大鼓的声音比较硬朗,小鼓的声音比较柔和。

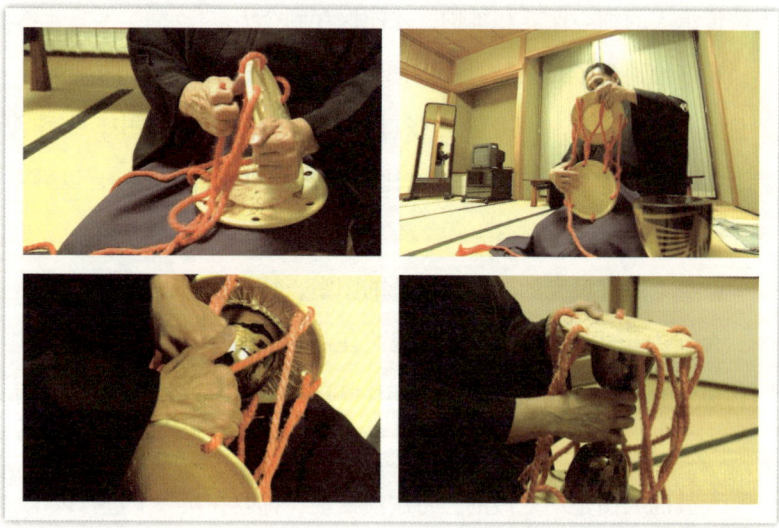

我指着大鼓和小鼓说，这是男人，这是女人。

大仓先生说，对，您这个比喻很好，是有阴阳之分。

我问大仓先生，能乐鼓手这个职业是不是家族世代相传的。

大仓先生说，他们这个家族演奏能乐已经有600年的历史了，从他的先祖开始就做鼓手，到他父亲是第十五代，现在算上他是第十六代了。

大仓先生介绍说，鼓手是分流派的，他的家族所在的流派叫"大仓流"。别的流派有的已经传了二三十代，但是他的家族是一个长寿家族。

"我们家的第一代鼓手活了94岁，其他的大多是80多岁，所以我们传承的'代'听起来有点少。打鼓是从丹田运气的，这样对健康会有一些好处，鼓手长寿，大概是这个原因吧。"

"您是从多大年纪开始向父辈学习打鼓的？"

"这个我也说不太好，因为从我记事的时候开始，我就坐在祖父的膝盖上，听他打鼓，祖父也会拿着我的小手在鼓上敲打。所以在我的记忆当中，很小的时候就自然而然地拿起了鼓。"

"也就是说，您还是一个婴儿的时候，就已经听到了爷爷、父亲的鼓声？"

"是的。可能是来自胎教的影响。我的整个家族，包括亲戚在内，都在从事跟能乐有关的事情，能乐是我们这个家族不可分割的组成部分。"

2

在能乐表演前,无论是乐师,还是演员,他们在舞台入口处会迎面看到一面镜子,走过镜子,就进入了舞台。

大仓先生面对镜子,最后一次整理自己的仪容。他回头对我说:"我想向您解释一个很有趣的事情:演奏用的鼓在调整好之后,是不能在化妆间或等待室里面发出声音的,唯一允许调试声音的地点就是在这面大镜子前。我可以面对镜子,让自己进入角色,这时候是我试鼓的唯一一次机会。"

"但是那个时候如果再调整,还来得及吗?"

"大的调整是不可能的,唯一能做的,不过是把鼓绳稍微系得紧一点。在能乐当中,人并不能支配所有的存在,也不能预测到会发生什么,我们顺其自然。这就是能乐的理念。"

"哦,一种哲学。"

"在能乐当中,人是一个什么样的角色呢?好比是春夏秋冬,阴晴雨雪,人类是无法支配的,所以人只能做自己能做的那些事,让所有的存在相互融合,起到调和勾兑的作用。"

大仓先生进一步解释说:"现在社会有一种倾向,以人的主观判断定位一个事物是好是坏。在我们能乐当中,不是以人为主体的,主体是大自然给予我们的东西,我们要信任大自然,把自己交给大自然,享受大自然给予我们的一切。我就是这么去认识能乐这种艺术的。"

是不是挺玄妙?一个乐师,能把自己的职业理解得如此深刻,他的能力还会有人怀疑吗?

在静静期待的某一瞬间,表演开始了。大仓先生身着和服,心无旁骛地击鼓,口中不停地发出吆喝声。

鼓点由缓趋急,大仓先生发出各种各样的声音,像狮吼,像虎啸,又像山谷里的回音,这些呼喝声极易抓住观众的注意力,轻松地把人们带入一种意境。吆喝声发自丹田,有时激烈频繁,有时悠长稀疏,舞台上的紧迫气氛会随之逐渐增强。伴随着紧缓有致的鼓点,观众被引向一个空蒙缥缈的世界。

看得出来,能乐表演有着很强的仪式感,很庄严。

我请教大仓先生:"这段表演表达的是怎样一种情境呢?"

"刚才的表演表现了狮子登场的场面。剧情设定最初是打雷,然后狮子来到深山幽谷中去迎接文殊菩萨,驮着他跨过石桥。在狮子出现之前,鼓手首先要勾勒出深山幽谷的静寂气氛,然后逐渐进入气势高昂的部分,表现文殊菩萨成佛之后,讲法如狮子威伏众兽一般,能调伏众生。"

"大仓先生,您演奏的时候,没有用任何扩音设备,完全是喉咙通过共鸣发出的声音,这种声音仿佛有一种强烈的冲击波,一波一波地向观众推过来。这种发声方法是不是要经过一种特别的训练?"

"这种发声方法和西洋的声乐,比如歌剧、美声等有所不同,它有一些比较细微的,需要代代传承的技术成分在里面,两种方法所不同的地方就在于模仿。就好像鹦鹉学声一样,只能是跟着我的父亲学,父亲怎样做,我就怎样做。至于模仿的方式,是无法细致讲述的。总而言之,需要有一种一定能做到的自信,必须要能集中注意力,并且有愿意坚持下去的意志才行。

"我年轻的时候只靠力气来唱,并不是靠技巧,这曾导致我的声带损坏,甚至都无法发声,这种情况大概发生过五次左右。有的时候我的声音完全嘶哑,出不来了,这种经历也有过几次。

"特别是刚才演出的这出《狮子》,是最容易把声带损坏的演出剧目。因为有很多人很想来观看这个节目,我现在几乎每天都会应客人的要求演出,昨天也演出过。我直到60岁才终于找出了一个不是用力气去喊,而是用另外的一种演唱方式来表演的办法,用我自己的方法来诠释作品。"

大仓先生伸出他的手给我看:"因为打鼓,导致我的手裂了好多次,指尖出了很多血,指甲也劈裂过,那真是一种十分痛苦的经历。大概从十年前开始到现在,我的手已经不会再因为打鼓而开裂了,我已经跨越了这道屏障,身体已经不会再对它感到痛苦了。在此之前,我都是以自己为中心,是自己在打鼓,好像我能够支配一切。而现在回首过去,重新考虑这一切的时候,我开始把自己视作鼓的一部分,包括马皮的鼓面、樱木的鼓身和我,都是鼓的组成部分,从而达到了'天人合一'的境界。从那一刻起,打鼓就变成轻松的事情了。"

中国的庄子认为,最高的境界是消除人和物之间的差异,物我为一,心物一体,内不伤外,外不伤内。大仓先生由打鼓面而开悟,精神上已经达到了相当高的境界。

通过大仓先生的介绍,我了解了更多关于能乐的知识。

能乐有固定的表演场所,表演主台长宽各6米,用磨光的日本柏树建成,上面覆盖神道风格的屋顶,另外建有一座通往舞台的桥,长约8米。演员们每次表演都要从桥上慢慢走过,颇有带观众穿越到故事所发生年代的意味。

能乐的演员不多，一般只有一个主角和一个配角，通过主角和配角的对话来表现剧情，基本上没有多少戏。主台的右边和后面分别是乐师和合唱团所在的地方。演员在表演时辅以面具、服装、道具和舞蹈。

能乐表现的是一种超现实世界，主角以超自然的英雄形象出现，由他来讲述故事并完成剧情的推动。现实中的一切，则以面具遮面的形式出现，用来表现幽灵、男人、女人、孩子和老人。面具被称为"能面"，艺人有"能面为能乐之生命"的说法。面具多达200余种。能乐演员尊面具为圣，他们的面具像珍宝一样放在铺上锦布的木盒中，别人不可以随便看。

能乐的节奏比较缓慢，不像中国的戏曲那样从头到尾围绕一个故事的情节展开。据说能乐作为幕府的"官方艺能"达到巅峰的时候，为了保证其高贵性，要求把演奏的速度降到原来的四分之一，以至于老百姓没人愿意看，只有那些有钱有闲的高级武士才能够"欣赏"。

大仓先生在表演大鼓

这个说法得到了中国音乐家的证实，破译了敦煌古谱的音乐家席臻贯就说过，把日本一些古老乐谱的演奏速度加快，就能还原许多中国唐代的音乐。

能乐以日本传统文学作品为脚本，现存约250个剧目，大致分成五大类：神事物、武士、

妇女、狂人、恶灵。全部的演员都是男性,近几年也有少数女演员出现。能乐的剧目有些是以中国神话和历史为题材的,如《西王母》《项羽》《昭君》《杨贵妃》等。

3

能乐与中国盛唐时代的"大面"舞有着千丝万缕的联系。

在唐代的文献记载中,唐代流行假面舞,伎乐中有"大面"(面具)之说。"大面"亦作"代面",相传来源于北齐,兰陵王高长恭是北齐将领,性格勇猛但长相柔美,这让他有些烦恼——打仗时会被对手嘲笑,乃刻木为假面,以狰狞的面具来威慑敌人。一次大捷后,将士们为他创作乐舞,谓之《兰陵王入阵曲》。唐人段安节在《乐府杂录》中对大面舞的服装、道具作了细致的记述:"戏者衣紫、腰金、执鞭也。"

大面舞由遣唐使带到日本后,发展成能乐。

社会稳定促成匠人技艺世代传承

日本的很多传统文化是从中国传入的,因此对它的尊重也根深蒂固,认为这是一个至高至上的东西。当我在日本看到唐代壁画上的中国乐器实物的时候,不能不深感震惊。

我在与能乐鼓手接触中,发现他们能够把最古老的东西和最现代的东西进行结合,用中国的源头之水创造出了另一种全新的文化。好像是一个女儿嫁了一个很好的人家,很受优待,把娘家的东西传承保护得非常好,反而是她的娘家这边由于种种原因,许多好东西都失传了。

盛唐时代的大面舞我们只能通过出土的泥俑去猜测和想象,其他的一切都已经失传。

能乐的另一大特点,就是与宗教密切相关。

中国的南北朝时期,佛教经由朝鲜半岛传入日本后,立刻根深叶茂起来。佛教像空气一样深入到日本社会的各个阶层,成为日本人精神生活的重要内容,深刻地影响了他们的文化,很多古老的能乐曲目都是表现神祇佛法,或者鬼怪精灵。

日本京都造型艺术大学教授李庚是位地道的北京人，对中日两国的文化交流史颇有心得。他告诉我："日本的文化跟寺院有着无限的关联，日本寺院的概念与中国是不一样的。佛教传入日本之后，很快就变成了国教，寺院也发展成强大的政治实体，与幕府统治互相支持，互相牵制。比如奈良的东大寺，它的占地面积是这个城市的三分之一，它的僧侣和相关人员占城市人口的五分之一，这样庞大的一个社会群体，势力非常大。与之相比，佛教在中国从来没有机会成为国教，虽然有武则天等几位皇帝尊佛，但佛教的势力一直被控制在一定的范围内，一旦佛教势力壮大，就会受到打压。"

日本延续了800年的庄园制也与寺院有关。从8世纪到16世纪，日本全境逐渐变成了贵族、寺院和神社等势力的私有领地。庄园主逐渐获得免交国家贡租（不输）和摆脱国家行政控制（不入）的特权。他们取代政府向庄民征税，并提供保护，庄园内无论是农民、工匠还是艺人，都要编入相应的户籍，而且这种户籍是世袭的，他们的子孙从此也不能改变身份。

这种户籍的世袭制，成为匠人传承的最好土壤。

日本的史学家与美术史家在研究本国的文化与社会时，普遍都会提到一个定义："匠人社会"。

从距今500年的江户时代起，日本统治者的更迭，大多是通过暗杀和宫廷政变实现的，没有发生战乱和重大的历史变故，普通老百姓安居乐业，匠人们专注于本业的传承和进步，这是日本匠人社会形成的外因。而匠人对自身所持技艺近乎信仰般的尊重与精益求精的态度，是匠人社会形成的内因。

李庚认为，日本文化史和考古学近百年来比较重大的一个研究成果，是发现日本岛上的人类不是从本岛产生的，而是外来人，学者们称之为"渡来人"——渡海而来之人。在此之前，日本学者认为日本人就是本岛人，其个性、特点与世界上各个民族有所不同，但是随着考古学的发展，这一观点被推翻了。来自不同地域的人，来自不同地域的文化，在这个岛国融合、发展、传承，最终形成了自己的性格。

日本作为一个岛国，对外面的世界充满好奇，愿意吸收外来文化，更因为其生活比较安定，岛国会把外来文化加以纯化，使其更精致、更别出心裁，比如美国的汽车和电视机传播到日本后，日本就把这两样东西做得比老师更好。我在这里感受到了一个发达国家所展现的文明细节，那就是对传统文化艺术的尊重。

当然，日本传统艺术同样面临传承的窘境。传统艺术表演家和传统手工艺人，社会地位虽然尊贵，但都面临着现代社会的冲击，逐渐变得小众化和边缘化，传承变成难题。大仓先生就说过，比起传统的能乐演奏，他的儿子更喜欢现代音乐。

清水六兵卫

显赫的陶器世家

"一生悬命",即一旦开始就拼命去努力,不惜性命地去追求极致,一生一世将自己寄托在一件事上,用一生的时间去磨炼技艺。对清水柾博来说,所谓的匠人境界,正该如此。

公元1771年属于日本的江户时代，那一年，日本历史上最后一位女皇后樱町退位，成为幕府时代皇权飘零的象征。而中国的乾隆皇帝那一年刚过了60大寿，志得意满地发兵南征缅甸，自己则优哉游哉地去登泰山，谒孔庙，一路浩荡，好不热闹。

同样在这一年，一位来自日本大阪的青年农民学徒出师，在京都著名的五条坂置了一片地，搭了一个土窑，开始烧制日本人家日常使用的茶炊陶器。

让人没有想到的是，240多年过去，中国与日本朝代更迭，皇权不再，而那位不知名的小人物却青史留名，他的窑火一直烧到了今天。

在日本，手艺在家族中世代传承，由匠人组成的家庭，是日本社会的中坚力量。清水六兵卫家族，就是日本最显赫的陶瓷家族之一。

这个八代匠人奋斗二百余年的家族故事，是日本制陶史上的一段传奇。

1

竹篱茅舍、石径柴门、小桥流水、村落稻田，有人说中国人对于京都的执着，更多的是缘于思古之幽情，寻访京都，是为了"作湖山一日主人，历唐宋百年过客"。

京都最古老的寺院清水寺是中国旅游者必去的景点之一，许多人在参拜过后，会顺着阶梯回头走，拐进一条小岔路。这条小路两旁是五光十色的店铺，卖各式各样的京都特产，其中引人注目的是一种瓷器，被称为"清水烧"，又叫"京烧"。

"京烧""清水烧"是对京都出产的陶瓷的总称，因为这些陶瓷器最早产自京都清水寺的门前。"清水烧"扬名之后，这里聚集了越

来越多的窑厂，于是，"清水烧"和这些窑厂一起成为京都一景。当时的"清水烧"包括两方面的制品，一种是被称为"土物"的陶器，一种是被称为"石物"的瓷器。

京都从公元8世纪末到公元1868年的1000多年间，一直都是日本的首都，它的大气与雍容使它有能力吸纳各国的文化，这一点在"京烧""清水烧"中也显露无遗。清水烧不拘一格，个性张扬，品种繁多，色彩丰富，睹之，有"乱花渐欲迷人眼"的灿烂；抚之，有"娟然如拭，鲜妍明媚"的快感。正因为如此，清水烧被指定为日本传统工艺品。

漫步小街的店铺，一位卖文玩的店主介绍说，京烧中有一个古老而又知名的家族，叫清水六兵卫，至今已经传承八代了。

我决定去拜访这个家族的传承者。

乘车经过一小段路程，我来到了这个家族的窑址所在地清水五

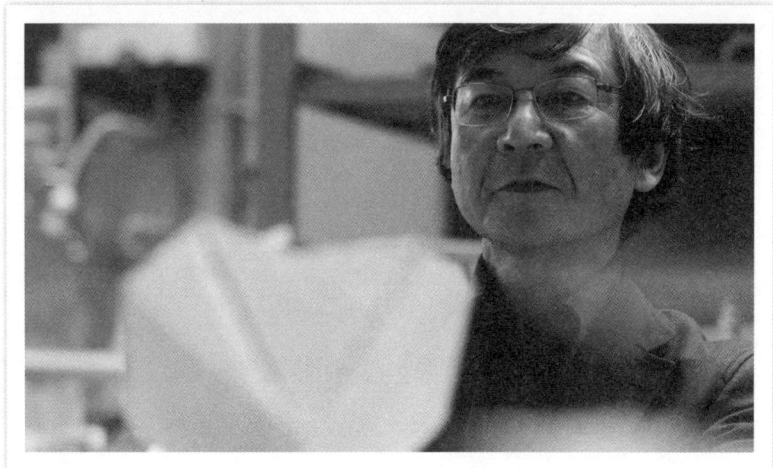

第八代清水六兵卫、陶艺家：清水栁博

条坂。

在清水家见到的是清水六兵卫家族的第八代传人清水栁博。

他身着考究的休闲西装，腿上是一条灰色裤子，外表气质来看完全是一位学者。他身后的水泥墙上挂着一块漆面斑驳的木牌，上面写着四个繁体汉字"六兵卫窑"。

谈话自然从八代传承这个话题展开。

我手头有几本朝日新闻社出版的关于清水六兵卫家族的著作，上面对这个家族的八代传人有简明的回顾：

清水六兵卫一代（1738—1799），出生于大阪的一户农家，在京都五条坂修习烧陶，1771年自立门户。他当时制造的陶器主要是烹茶煮水之器和茶具，其中以凉炉茶具最为有名。

清水六兵卫二代（1790—1860），继承前代的技艺，确立被尊称为"六兵卫"的本家陶器风格。

清水六兵卫三代（1820—1883），适逢文化启蒙时期，除了继续烧陶，也开始烧制西式餐具、咖啡碗之类的瓷器，并开始走出国门，多次到国外参加世博会展览。

清水六兵卫四代（1848—1920），探索出新式的"京烧"。

清水六兵卫五代（1875—1959），借鉴中国的青花瓷和钧瓷烧制日本特色的花瓶和香炉，作品色彩典雅而富于变化。

清水六兵卫六代（1901—1980），毕业于京都美术工艺学校和国立绘画专门学校（即现在的京都市立艺术大学），是受过高等教育的新一代传承人，确立了自己作为独立艺术家的地位。他的作品借鉴西方文化，充满了现代气息。他借用日本漆器"沉金""莳绘"的装饰技法，使瓷器的格调沉稳而又高雅。

清水六兵卫七代（1922—2006），于1981年承袭清水六兵卫之名。毕业于东京艺术大学的金工系，先学习建筑和金属铸造，他集金属雕塑家和陶瓷艺术家于一身，注重造型，有更多的抽象性和现代性。比如他的一款线纹花器，就特别像水城威尼斯的小艇，又如挂在天边的新月。

清水六兵卫八代（1954—），毕业于早稻田大学理工学部建筑系，后为继承家族事业，从事陶艺创作，现任京都造型艺术大学教授。他的作品造型奇特，有着强烈的建筑结构感，将其中任何一件放大，都像是很时尚的现代建筑。

白泥二重凉炉（左）
素烧汤沸（右）

绘御本水指
水边芦荟

鹤香盒

黑乐茶碗

初代画像

濑户釉瓢形水指

烧缔水注

信乐（烧缔）水指

丝瓜香盒

御本立鹤茶碗

御本山水水指

濑户釉水指

朝鲜写釜（涩纸釉茶釜）

黑吴须钵

濑户釉茶碗

二代画像

梅之画盖物

南蛮灰器

伊贺烧缔水指

吴须赤绘大钵

御本明乌茶碗

御本写云鹤茶碗

黒呉須割山椒钵

白磁龙文花瓶

赤绘十六罗汉水注

赤绘四方花瓶
龙凤凰文

三代画像

金彩鯱置物

青华十六罗汉急须

色绘草花咖啡碗

染付四季花卉模样肉皿

烧缔赤绘盖水指

均织部水注窑花瓶

赤绘瓢形罗汉图水指

染付树木文花瓶

海鸥大壶

六歌仙大壶

色绘秋草大皿

四代照片

向付皿

釉下彩藤图花瓶

伊罗保灵芝花瓶

御本兰花瓶

御本色绘铁仙文透雕钵

钧窑花瓶

大礼瓷蔷薇文花瓶

飞沙花瓶

金彩蕨菜四方饰皿

五代照片

青瓷象嵌香炉

青华橙壶

烧缔平水指

音羽烧鸟文花瓶

朱锦壶

青华葡萄栗鼠文花瓶

201

赤三岛盖物

母和子花瓶

古稀彩秋映花瓶

果实文饰皿

三彩粒沕壶

三彩向日葵饰皿

六代照片

玄窑丛花瓶

银白沕蓬春花瓶

银绿沕花瓶

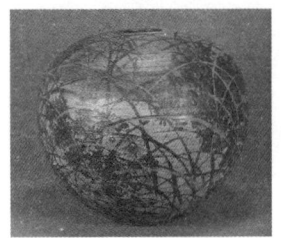
锈沕秋丛壶

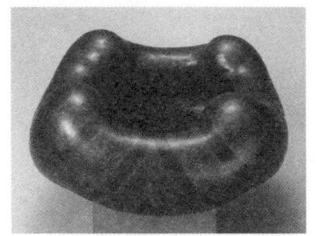
金彩方盘

层容

方容(方容条文花器)

花器

七代照片

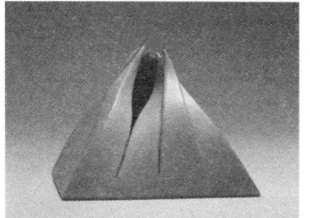
花陶容

截土容黑耀金彩壶轮插

透黄釉花器

席花陶

线文花器

花器(物体、目、方容)

陶瓷圈 89

陶瓷连接 89

堆空间 92

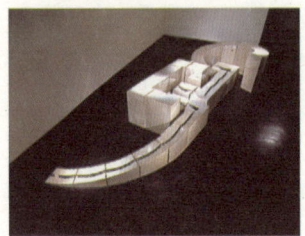
空间受体 92

时间罗盘 91

辉白刻线花器

八代照片

辉白刻线容 25-E，25-F，辉白刻线香合

辉白陶姿 25-A

交流的门

空间受体 98-B

早在清水家开始烧陶之前，清水烧已经得到了上至贵族武士、下至平民百姓的喜爱，烧制的技术和内涵也在不断的切磋琢磨中提升。最初，清水烧作为煮茶器皿，在织田信长和丰臣秀吉之流的武士中备受推崇，之后虽然武士阶层没落了，但日本茶道始终影响着京都陶瓷业的传承与变革。

清水柾博说："六兵卫第一代原来是农夫，究竟是什么原因使他从大阪来到京都，转行去烧陶，我没有查到。但是据历史记载，他曾经师从当年著名的陶艺家海老屋清兵卫。自立门户后，他还不会烧制瓷器，主要生产土陶茶具，一些粗线条的东西，器型不规整，带有自然肌理。现在，家族仍保存着20多件初代清水六兵卫的作品。

景德镇

清水六兵卫 三代

"到了第二代时，在继承了第一代烧制手法的基础上，将陶器的形状和色彩做了进一步改变，加了一些新的内容，此时，清水六兵卫的烧制风格基本形成了。"

原本的日本土陶与中国的风格迥异，原始、古朴、变形甚至残缺，但当朝鲜人将中国的瓷器传入日本时，景德镇的风格开始成为日本匠人狂热模仿的对象。从三代清水六兵卫时期的作品中，可以很清晰地看到中国瓷器对日本的影响。

第三代六兵卫生活的时代，恰逢19世纪60年代的日本明治维新时期，日本提倡文明开化，社会生活欧洲化，通过学习欧美技术，走上国家工业化道路。这一时期，欧洲瓷器开始大量地流入日本。时势的变动，使得京都的烧陶业发生了翻天覆地的变化。清水六兵卫家族开始由土陶发展到烧制一些瓷器了。"

中国的瓷器约在公元13—14世纪的元代传到欧洲，并被欧洲人赏识、仿制。17世纪时，德国制造的瓷器因为质地坚实，饰以浮雕而远销日本。之后越来越多的欧洲瓷器出口到日本，使日本有了中国和欧洲两个可以模仿的榜样。所以脱胎于中国风格的日本制瓷工艺，表现出一种既不同于中国也不同于欧洲，而强调大和民族美学的新风格。

说到这儿，清水柾博拿起一件陶艺作品对我说："您拿一下，可以感受到它是很轻的。"

这是一件酒器。

"这是我们用第六代六兵卫的方法制作的。先做成圆桶的形状，最后拿到窑上在底下加一个底。因为它开始是桶状的，所以，酒器里面、外面的做工都可以很细致，能做得非常薄，烧好以后比较轻，然后在上面加了绘画。"

第五代和第六代六兵卫都经历了第二次世界大战，作为战败国，日本国民的生活遭受了重创。受到战争的影响，六兵卫窑被迫中止了烧制，直到战争结束，家族才重新申请建造新工厂。

虽然战争中断了六兵卫的窑火，传承却没有终止。

清水柾博说："六兵卫的每一代人都会根据他的生活空间、社会背景、文化素养进行新的探索,每一代都有创新,每一代都会形成独特的烧陶标准和烧陶技艺,这是我们家族最大的特点。而且,在京都这个地方,对家族的传承非常重视,我们在这个环境里潜移默化,会把传承当作一件大事去考虑。"

毫无疑问,不断地融入新的文化,不断地创新,这是六兵卫陶瓷作品经久不衰的法宝。

2

六兵卫窑拉坯成形的车间大而拥挤,六个匠人各有一个操作台,他们的四周遍布着大大小小的木架子,上面堆放着工具、材料和做好的坯胎。每个人都在专注地工作,我和清水柾博从他们身边走过,甚至没人回一下头。

一位女工正在用毛笔往烧制了一次的青釉盘子上涂红色——给上面的花儿画上花芯。

清水柾博解释道:"这道工序叫'赤み缔め'①,先是素烧,然后上彩色釉,大概在750~780℃进行二次烧成,重复上色、烧制几次之后,作品才能最终完成。"

六兵卫窑的作品路子很广,有实用性很强的茶杯、茶碗、盘子、香炉,也有中国的十二生肖、各种陶艺玩具,还烧制室外大型雕塑、宾馆或写字楼大堂的装饰,甚至有许多成为博物馆和现代艺术馆的展品。

---

① 指陶艺中烤出红色。

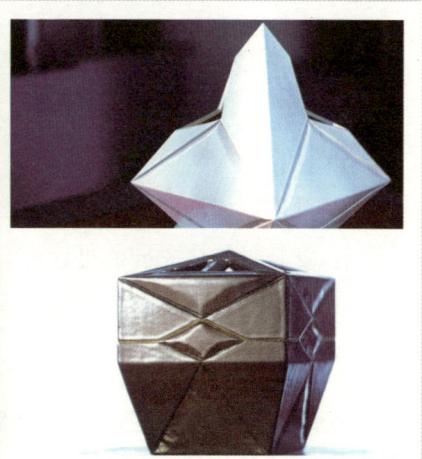

清水柾博所烧造的陶器，虽然名为"清水烧"，但已经完全突破了传统清水烧的概念，甚至可以说是颠覆传统之作。他博古架上摆放的作品，件件造型奇特，有着强烈的建筑结构感，将其中任何一件放大，都是一幢非常时尚的现代建筑。

我把我的看法告诉清水柾博，他笑了："人们都这么说。"

清水柾博的多数作品都是不规则的形状，由一个个不规则平面组成。"我把陶坯全部做成平板，然后把它们组合起来。"

中国景德镇有种香器就是由平面构成的，平面的拉坯肯定要难很多，所以有"一件香器顶十件圆器"的说法。但是中国过去做香器，最多的是8个面，而清水柾博的作品却有21个面。在一件陶艺作品上做出21个面且看上去很简约，不能不让人赞叹他的奇思妙想。

清道光粉彩剔瓷三联包袱葫芦瓶

209

清水柾博说，这件陶艺上的釉色被称作镜面釉，是他自己研制出来的，其特点是反光性能很好，会像镜子那样把周围物体的色彩反射出来。无论摆放在什么地方，它都能和周围环境很好地融合在一起。

我把手放在这件陶艺附近，果然它反射出了手的影子，一般的瓷器是做不到这一点的。

"如果把鲜花插在里面的话，它周围的瓷器里会反射出花的影像来，有一种特殊的感觉。"

清水柾博把插花器做成了像钻石切面一样的形状，精彩而富有创意，工艺水平也不一般。

这些陶艺看似颜色单纯，实际上工艺难度极高。

"仿铁锈的颜色，概念上是以古时的铁器或者金属器皿的颜色为主线来配制的。铸铁一样的铁灰色，是在陶艺表面把铁的结晶加进去，通过烧制表现出来的。"清水柾博不无自豪地说。

清水柾博原本不同意让我到他的工作间去，说是不好意思，那里太乱了，在我的再三要求下，他才同意。

一般情况下，工作状态中的清水柾博，手上是不沾泥的。他每天坐在一个安装有卡尺的专业设计板前画出各种图形，计算它们的尺寸和角度，他的身边堆满了关于陶瓷和建筑的大型画册。

他已经不是一个一般意义上的匠人，而是将匠人精神、专业知识、绘图技能融为一体的陶艺艺术家。在他身上，有六兵卫的风骨，有建筑设计师的影子，有陶艺收藏家和鉴赏家的眼光。

学建筑的清水柾博决定继承家业，做一名制陶匠人后，顺理成章地将他所学的建筑方面的知识，运用到了烧陶的技艺里。

"我主要使用一种叫'形板'的方式来制陶,即先完成构图,再做成模型,模型出来后,再拿模杯弄成形板,把它组装起来,就是一个建筑构成感很强,非常有立体感的模板,这就把我个人的风格带进去了。"

陶器在高温烧制的过程中,难免有一些变形,中国人一般会把这些变形的器物当成残次品来对待,但是日本人却有着不一样的审美。有时他们会借助这种变形,使陶艺器型产生古朴、残缺之美;有时他们甚至不惜故意将规整的、漂亮的陶艺加以变形,让不规整、不统一的器型衍生出别样的美丽。

清水柾博说,最先倡导不规则美的是一名叫作古田织部的茶道人,古田织部是出生在日本战国时代的一位久经沙场的武将,也是茶道名人。他把日本的平民式茶道改造为武家茶道,一改茶道内敛、纤弱之风,讲究雄健、明亮和华美。在茶具上,他也一改以往形状

匀整,表面光滑,色彩单一的风格,用织部窑生产出了"织部烧"。织部烧的茶碗,歪斜不一,表面粗糙,数色并用,图案大胆奔放,人称"鞋型碗"。古田织部的影响力,使不规则美在日本开始流行。不规则美也从茶艺、茶具蔓延到了其他领域,甚至影响到了建筑。比如将一个建筑物的规整形状、对称的平衡稍微加以破坏,通过对称性结构的改变

来寻找新意，体现了日本文化的趣味性和审美观。

清水柾博认为，这种新的感觉就是创新。"我觉得日本烧陶的一个最大特点就是脑子里首先有一个大概的形状，然后就完全委托给负责成形的匠人，由他二次创造，这种随意性也会有许多惊喜。"

清水柾博就是以这种审美方式，尝试自己烧制陶器，他有意识地做出一些扭曲的形状。"受重力作用形成的自然曲线，也是泥土成形的一部分。这与追求泥土的本性及自然性的当代趋势，异曲同工。"他还将几何抽象艺术强烈地渗入作品，呈现出时尚的现代艺术感。

清水柾博一直到上大学时，还没有想过要继承家业，从事陶艺的制作。

清水柾博说："我有一个弟弟，以前，我觉得我们俩谁继承家业都无所谓。在日本，一般来说都是长男继承家业，将家族事业发扬光大。虽说不一定要长男来继承，但是最好能把家族技艺传承下去的这种观念，在京都还是比较根深蒂固的。

"第七代六兵卫是我的父亲，他同时也是一位造诣很高的雕塑家，经常让我帮他干活。本来，我想在大学毕业后专攻建筑，没有特别考虑烧陶的事情。但是，在帮助父亲制作、整理作品的过程中，我发现他的艺术观念很前卫，那些作品的造型给了我许多创作的灵感，我对烧陶这件事越来越有兴趣。于是，我就转行到了烧陶。"

清水六兵卫家族的作品，最直观地体现着匠人的内涵，他们对自己的手艺，有一种近乎自负的自尊，不厌其烦、不惜代价，但求做到精益求精，完美，再完美。

3

在日本,一个家族几代、十几代只做一件事的并不少见。然而,匠人虽然对技艺固执坚守,却也并非完全拒绝改变。

有的人百年如一地自我修行,以不变去应对世事万变。这是以世事万变为背景,在别人求变的过程中,用坚守变成了时代新宠。

有的人却在不停地改变,用不断的创新和进步诠释百年如一的匠人精神。

清水六兵卫家族的作品,实实在在地证明了"传承并非不变,我一直在改变"的说法。

初代茶碗　　　　二代茶碗

日本传统技艺的传承人分为两种,一种是家族的技艺传承,所有的学习都是在家族中完成,没有到大学里去接受现代化的教育;另一种则是受过良好的大学教育的传承人,许多人大学毕业后都去做了别的工作,然后回归到继承家业上。

受过大学教育的传承人和传统意义上的家庭传承人有一个很大

的不同之处：他们虽然选择了坚守家族的事业，但是还会兼职做一份其他工作，如做收藏家、学者、教授等。清水柾博就是一所大学的教授。

这样的职业经历，使新型的传承人拥有了更开阔的视角，并给家族的事业带来很多新的理念，这些新理念对于家族事业的传承、发扬和革新，意义重大。

清水柾博认为，第一种拜父辈为师的方式，由前代教授自己的子孙在家里学习技能技法和技巧，是最传统、最直接的方法，能够最快地习得真传，是比较有效的一种传承的方式，对系统化、完整化地形成一种流派非常有效，但在革新方面有很大的不足。第二种方式就是走到社会中，主动地接触一些崭新事物，比如参观大学的美术馆，研习社会中出现的新鲜事物，或者在不同领域里学习新的知识，最后再回到家里。

"我本人就是属于第二种继承方式。通过走入社会学习，会让人产生一些不同的想法和构思，那么再将它们融合到家族世代传承的固有风格里，就会有新的表现方式应用在作品中了。我觉得这点至关重要，虽然每一代的六兵卫都风格迥异，但是从整个历史来看，这反而成了我们家族的传统，这样的传统就和许多墨守成规的其他陶器流派有了很大的区别。"清水柾博说。

日本有很多四字熟语，其中有个词叫作"一生悬命"，即一旦开始就拼命去努力，不惜性命地去追求极致，一生一世将自己寄托在一件事上，用一生的时间去磨炼技艺。对清水柾博来说，所谓的匠人境界，正该如此。

当人们总在感叹匠人不变与坚守的可贵时,却不知道,在传承中做出改变,需要的不仅仅是勇气,更需要学识与格局。

作为学者型的匠人,清水柾博的思路已经超越了一般意义上的对传统技艺的传承与保护,并且延伸到电子时代人们的精神需求和人工智能对传统文化的影响。

"电子时代会彻底地把传统工艺、传统文化从人类的生活中驱赶出去吗?匠人应当如何应对电子时代的种种变迁?"我问。

清水柾博的表情严肃起来:"所谓的匠人,他的目标应该是追求完美,做到极致。为了实现这个目标,精湛的技法是必不可少的。日本的工业制品在一些方面表现比较好,是因为有匠人强大的技术和精神来支撑。从根本上来说,正是因为有'不达目的不罢休'的技术传承,日本社会才能发展到今天,这是日本经济高速发展的重要基础。当今时代,计算机可以说是无所不能,但是未来会怎样也不好说,比如3D打印机的出现、人工智能的卓越表现,人类在许多领域里正逐渐被机器所取代,我对此感到不安。将来人类会变成什么样呢?每每想到这一点,我会有莫名的不安。我想这是一个不仅在日本,也在中国,乃至世界,大家都在思考和担心的问题。"

想了一会儿，他又说："对于手工匠人们来说，担心一直是存在的，看到什么东西都可以通过现代手段、电子手段去制作了，他们对于这个行业的生命力和未来充满了未知与不安。全世界的人们在电子化和人工智能的大潮里，都在思考和担心这个问题。如何在现代化的时代里将感性的东西和人工智能巧妙地融合在一起，是今后我们将要面对的最大课题。我认为，对人类来说，感性世界比虚拟世界更重要。我害怕在数字化的将来，人类感性的东西会慢慢消失。人工智能的出现，意味着人类的感性已经被机器所制约，这有可能变成时代发展的一个方向。到那时候，我们作为人类存在的意义是什么？我希望大家重视并思考这个问题。"

我理解清水柾博的担心和忧虑，但认为未来并不悲观："其实，每一个时代的传承，都会遇到或大或小的困境。六兵卫家族的作品能够融合东方与西方，传统与现代，成就个性化的当代风格，正是他们敢于睁眼看世界，敢于面对挑战去改变自己。现在，中国的科学家、艺术家和工匠们已经感到，人类越是进入电子时代，越是期望那些带着人体温暖和温润手感的东西出现在我们的生活中。现在不少年轻人，有一种逆向的追求，就是更加喜爱手工制造的、带着体温和情感的东西。日本是不是也会这样呢？已经传承了八代的清水六兵卫家族，又该如何自处呢？我们还能看到第九代、第十代的清水六兵卫吗？"

"我有个儿子，现在他已经回到了我这个工坊里烧制作品，我倒是没有强制他来传承我们六兵卫，是他主动提出回来的，这一点，我感觉非常欣慰，我想他可能是潜意识中有把家族技艺传承下去的这种使命感吧。我儿子在传承六兵卫工艺方面，有他个人的一些想法，他对制作贴近现代社会生活的新陶器兴趣更大，想在新的时代，让陶艺与社会和人更接近一些，在文化上多一些创新。他在这方面花费的精力也多一些。"清水柾博嘘了口气，脸上的线条柔和了许多。

这是一个令人欣慰的消息。

天目盏

一段神话的复活

  天目盏是中国人创造的,但是它的美学魅力却是日本人发现的。日本人说在碗里头看到了整个宇宙,我觉得这是对天目釉最高的评价。正是由于日本民族的高度评价,天目釉在世界上才有了如此崇高的地位。

如果世界上有几乎千百年不曾改变的地方，日本的京都一定是其中之一，这里有一群仿佛从来都不曾改变的人，他们用双手代替了口和心，创造着安静而又动人的美学。日本京都匠人们制造出来的纷繁多彩的器物，既象征着人类文明的缩影，也是传统文化未来的指针。

　　但是，天下没有不变的事物，有些变化甚至比我们的想象力还要丰富。700多年前，宋代极为著名的黑釉瓷茶具天目盏（建盏），在自己的故乡中国神秘地消失了，随后，它在日本的茶道中也难觅踪影。

　　天目盏的消失成为一桩悬案。

　　天目盏作为世界公认的顶级艺术品，中国曾经大量生产过，日本曾经大量进口过，它怎么可能突然消失？

　　700年间，天目盏经历了什么，发生了什么？似乎没有人能够说清楚。好在还有怀旧的日本匠人，他们一直把中国的这种茶碗当成国宝来供奉，让硕果仅存的几只天目盏完好地保存下来，让我们能有幸一睹芳容。更惊艳的是，日本的能工巧匠通过大量的研究和试验，成功地研制出了色彩奢华、足以乱真的天目盏。

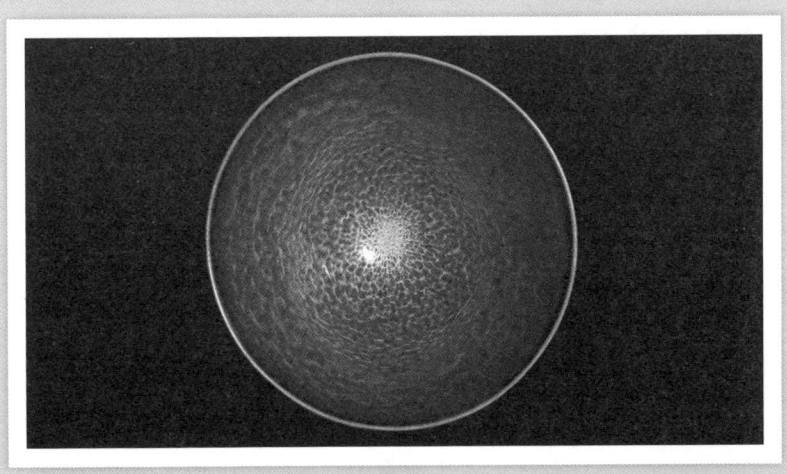

1

京都有许多显赫的匠人世家,然而京都的匠人并非都有家传。有些天才人物凭着自己的热爱与悟性,走上了匠人之路,并且独领风骚。

我要寻找的,就是这样一个人。

他平时低调内敛,从不接受媒体采访,慕名登门拜访的人也一律不见。

可能因为我是中国人的缘故,经过日本友人的多方努力,我才终于得到了与他见面的机会。

此公名叫镰田幸二,在中国知名度很高。中国游客赴京都游玩,许多人会专门去寻找一种天目釉瓷,又称天目盏。而真正懂行的人会专门寻找镰田幸二的作品。

镰田幸二是一位天目盏烧制大师,他的作品是很多人梦寐以求的臻品,被称作是无法抵挡的诱惑,有幸得到一只,必定如获至宝。

来到镰田幸二的家,敲门之后,传出了他很响亮的声音:"请进!"

天目盏烧制大师镰田幸二

镰田幸二生于 1948 年，年近 70，骨骼清奇，须眉皆白，下巴上有一撮山羊胡。他穿着随便，样子和善，招呼我坐下后，就让茶师端来了天目茶碗、抹茶和甜点。按照日本茶道的规矩，客人入座后，茶师要按规定动作点炭火、煮开水、抹茶（用竹制茶匙按一定动作将茶碗中的茶搅成泡沫状），然后依次献给宾客。

客人须恭敬地双手接茶，先致谢，而后按顺时针的方向朝自己这边三转茶碗，轻品，慢饮。

抹茶是使用遮蔽日光直射栽培而成的茶叶，经过蒸青、干燥处理之后用石臼磨成的茶粉，呈淡绿色，富含大量的维生素。日本茶道中使用的茶叶就是抹茶。

在日本喝茶，甜点与抹茶是绝配，浓淡相宜，香甜可口。而茶盏是日本茶道文化中的灵魂，是最重要的茶道道具。

我问镰田先生："请教您，日本人在茶道中为什么特别强调将天目釉的美丽与茶道文化结合起来，为什么手里头把玩着一只天目茶碗，在传茶的过程中，心里就会有一种别样的感受？"

镰田先生说："可以说，天目茶碗的历史和日本茶文化有很深的渊源。日本人对天目盏的评价非常高，最开始的时候，天目茶碗在日本是广为使用的。那个时候日本处于'书院茶'时期，书院里有很宽阔的茶室，在茶室里品茶时会大量用到天目茶碗。普通的建盏里，偶尔会出现一些曜变或者油滴茶碗，这些被视作贵重品，在当时日本的贵族中间，当作宝物流传。通过这种方式，天目盏才得以保存下来。"

日本的茶文化与中国有非常明显的区别。

中国的茶文化是大众文化，市井乡里、士农工商都把饮茶作为友人聚会、人际交往的手段，喝茶和吃饭一样成为生活本身必不可少的内容。而日本因为早期得到中国茶叶的数量有限，日本高僧是把茶文化作为先进文化的一部分来传播的。在日本茶道形成的初期，只有天皇、贵族、级别高的僧侣才有机会接触茶，因此，日本茶道特别注重礼仪，充满了禅的韵味和宗教精神。王公贵族对天目茶碗的鉴赏力自然非常出众，他们很快就发现，这些来自中国的茶碗在烧制的过程中，因为窑温和胎泥成分的不同，有一些会产生曜变，呈现出特殊的花纹和色彩。这些花纹和色彩是可遇而不可求的，这种珍品在日本受到的重视程度远远超过中国，它们被收藏了起来。

2

天目盏是日本人的叫法,在中国,它的名字叫"建盏"。据说,日本人这么叫是因为这种茶碗最早是日本僧人从中国浙江的天目山带回去的。

天目山是儒释道三教名山,从晋代佛教入山以来的1500余年间,天目山狮子正宗禅寺和禅源寺与东南亚各国佛事往来频繁,是日本临济宗永源寺中兴的发祥地,也是佛教中韦陀菩萨的道场。

南宋时期,大批慕名而来的日本僧人来到天目山修行,在这里接受中国禅宗文化的熏陶。当时寺内的僧人用一种福建建窑烧制的建盏喝茶,这些建盏被日本僧人陆续带回国内。

盏,在汉语中被解释为浅而小的杯子。建盏是指其产地在福建的建阳。

建盏(天目瓷),是中国宋代八大名瓷之一,也是宋朝皇室御用茶具,多是口大底小,形如漏斗,造型古朴,手感较沉。建阳窑以烧黑釉瓷闻名于世,小碗最多,胎骨乌泥色,釉面多条状结晶纹,细如兔毛,称"兔毫盏",也有烧成"鹧鸪斑""银星斑"的。釉下毫纹,是瓷器在烧制过程中,釉水下垂而成。由于器壁斜度不同,流速快的成纤细毫纹,流速慢且粗的成兔毫之状。建盏入窑一色,出窑千变,巧夺天工,绝不重复,因而价值连城。

2016年9月15日,纽约佳士得秋季拍卖现场,一件南宋油滴天

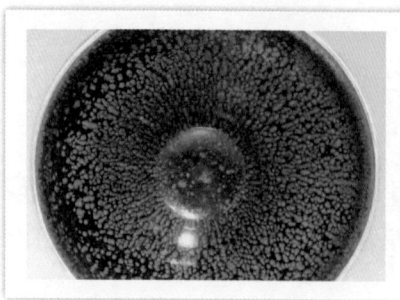

目茶盏以1170万美元成交。此前就有消息称，有不少买家来到纽约就是为了此件作品。

这件备受瞩目的天目盏，属于中国建窑烧制的名贵品种——油滴建盏。虽然它的成交价格创了建盏的拍卖新纪录，但这件建盏并不属于最高等级。最高级别的建盏品种当属曜变天目。所谓"曜变"，是指烧制成功的黑瓷器物，表面薄膜上能在光照之下焕发出黄、蓝、绿、紫等色彩，美得让人难以言喻。据有关资料记载，目前仅在日本存有四只宋代曜变天目茶碗。

日本专门著录中国艺术品的《君台观左右帐记》于1524年前后成书，其中对建盏进行了如下记载：曜变，是建盏之无上神品，值万匹绢；油滴为第二重宝，值五千匹绢；兔毫盏值三千匹绢。在这些"世界所无之物"的"曜变天目"中，一只被称为"稻叶天目"的碗最为宝贵，日本人称其为"碗中宇宙"。

相传，当时共有两只这样的曜变天目流入日本，一只被织田信长所得，后毁于本能寺之变；另一只被德川家康所得（即"稻叶天目"），

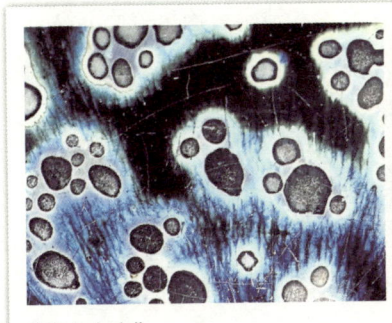 

"碗中宇宙"

在经历一系列复杂的转手后,这只天目盏传给了稻叶家族。1924年,这只曜变天目盏被拍卖,按可比价格计算,成交价为600万美元。最终,"碗中宇宙"为日本静嘉堂文库美术馆收藏。

这只曜变天目盏底色为深蓝,仿佛我们在月夜遥望天际时所看到的无边无际的深邃天空,在深蓝的背景下,又有浅蓝、天蓝、湖蓝、淡紫、明黄等颜色依次呈现,如同恒星的光芒照亮了宇宙空间。在这些光芒中间,有许多陨石样的斑点放射而出,像是天地混沌之时,宇宙大爆发前夜的景象。而且随着光角度的变换,曜变天目盏的釉面会反射出不同的光彩,奇异迷幻,让人敬畏莫名。

但是,建盏在中国很快就消失了。

按照研究者的说法,建窑在宋代达到了鼎盛之势,黑釉兔毫建盏成为宫廷的御用茶器,达到宋代茶器的顶峰。当时,除了建阳的建窑之外,全国各地窑口都在争相模仿生产黑釉茶盏,如吉州窑、耀州窑、磁州窑、涂山窑等,仅福建境内的窑口就有二三十个,比较有名的有武夷遇林亭窑、南平茶洋窑、福清窑、德化盖德窑等。

但是，宋朝被元朝取代后，游牧民族与农耕民族的饮茶方式和审美格调都有很大的差异，宋人喝茶喜用茶饼，喝茶的方式与日本的茶道近似，用极细的茶粉冲出色、香、味俱佳的茶汤。而元代人饮茶出现了"重散略饼"的趋势。进入明代后，饮茶方式继续变革，明太祖朱元璋下令贡茶改制，废除茶饼，改用散茶，使饮茶方式简单化，最终演变成用沸水冲泡的方式。

元代在瓷器的审美上，造型喜雄浑古朴，装饰喜繁密秀丽，如元青花。而明代则是打破了理学的一统天下，形成雅俗互补、趣味多元的审美风格，如瓷器的青花、釉下彩、釉上彩、斗彩、单色釉等。审美风格的变化，使得外表乌黑不起眼的建盏与元明两代的主流审美格格不入。

建盏由此成了"无源之水"，建窑停产，建盏绝迹[①]。

3

然而，在今天日本的传统茶道仪式上，天目茶碗依然是最为名贵的茶具。

这里面，也有一个 700 年前的故事。

---

① 参见郑峰华《建盏为何在元代后绝迹？》，今日头条网，2016 年 9 月 14 日。

幕府第三代将军足利义满①曾花重金从中国将大批上等的天目茶碗和各种瓷器买回日本，公卿贵族们开始在大大小小的聚会中争相使用这些奢华的茶具，并引以为荣。在当时，使用上好的天目茶碗，是权力和身份的象征。

中国不再生产天目茶碗后，日本茶碗的风格也发生了改变。当时中国传到日本的茶碗是素三彩的样式，造型端庄、色彩艳丽，日本茶道宗师千利休和弟子古田织部为了对抗茶道的富贵奢靡之风，用朝鲜庶民吃饭的碗当茶碗，就是所谓的"高丽茶碗"。后来，他们将高丽茶碗加以改造，发明了"乐烧"。

乐烧放弃了辘轳拉坯的制作方法，完全用手捏制，加以刀削成形，因而器形都不完全规整，正符合了茶道中不对称的审美。

乐烧看似粗朴，实则精心制作之产物，尤其是黑乐茶碗，兼有天目茶碗的釉色之雅与高丽茶碗的造型之柔，又有与深绿的抹茶在色调上极为协调之美，很快在茶人中普及。

不过，千利休让茶道回归民间的努力并不为当时的掌权者丰臣秀吉所喜，丰臣秀吉是个喜欢大排场的人，也忌惮千利休声名鹊起，就借故令千利休切腹自杀了。

---

① 足利义满，室町幕府第三任将军，1368年继位，日本室町时代的开创者。1392年逼降南朝后龟山天皇，结束南北朝对立。1402年中国明朝朱棣夺取帝位后，足利义满受明朝封赏，被明朝册封为"日本国王"，与明朝正式建立了外交关系，日本以藩属国的名义对明朝进行朝贡贸易，承认中国为日本的名义宗主国，这一朝贡体制一直延续到1549年（明嘉靖二十八年）。

就这样,天目茶碗在日本也慢慢绝迹了,仅剩的几只曜变天目碗,成为王公贵胄收藏的宝物。

700年后,建盏的古老烧造技术在中国已经失传,而日本人到了近代才幡然醒悟,他们曾经弃之不用的天目盏才是茶道最尊贵的主角。于是,一些羽翼丰满的陶艺匠人开始研究天目盏的烧制工艺和曜变的原理,镰田幸二就是其中的佼佼者。

"镰田先生是什么时候开始全力以赴研制天目碗的呢?"我问。

"我从20岁开始在阶梯窑和大家一边烧制陶器一边学习陶艺知识,大概三年之后开始自己专心研究。"

屈指算来,镰田幸二研究制作天目盏已经将近半个世纪。

"根据我对日本的了解,好像手艺人都是在家族中间世代相传的,不知道镰田先生家里有没有做瓷器的人，是否拜过师傅？"

"我是一个没有家传的匠人。我烧制陶器是出于偶然，并没有受到家人的影响，只是正好人在京都罢了。当时经人介绍，我来到了清水正老师的手下，协助他在阶梯窑里

工作了大概一年时间。阶梯窑其实就是中国传统的龙窑①，京都人叫它京都窑，是由好几位烧陶的匠人一起烧制作品。我一边帮助清水老师打杂，一边向他学习揉土和拉坯等基础技能。一年之后我就去了当时的京都府立陶工训练学校，学习陶艺基础知识。学满一年之后，学校正好开设了二年级的课程，于是我就继续攻读二年级。我从那儿开始了制陶生涯。

"京都的五条坂到中山这一带是陶艺匠人聚集的地方，这些人包括我在内，都受到了中国瓷器制作技艺的影响，然后结合日本的风土人情，将中国烧陶的魅力和日本文化的魅力穿插到里头，在这个学习阶段，我尤其对中国的天目盏感兴趣，天目盏的烧制魅力让我如醉如痴。"

---

① 龙窑，我国窑炉的一种形式，多建筑在江南地区坡地上，以斜卧似龙而得名。龙窑出现于商代，早期龙窑一般长十几米到二十几米，到了宋代龙窑长达五六十米，个别地区甚至达到七八十米，一次可装烧两万件瓷器，对当时瓷器的发展起到很大作用。

虽然日本匠人对中国古代各个时期、各个地方的陶艺都有所学习和借鉴，但我发现他们唯独对天目盏充满了崇敬神圣的感情。不错，天目盏是中国人创造的，但是它的美学魅力却是日本人发现的。日本人说在碗里头看到了整个宇宙，我觉得这是对天目釉最高的评价。正是由于日本民族的高度评价，天目釉在世界上才有了如此崇高的地位。

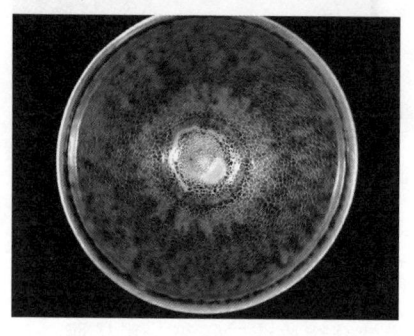

那么，为什么在中国这么多的瓷器中间，日本人会对天目盏、天目釉如此着迷呢？

"日本茶文化和茶器有非常深的渊源，在茶道宗师千利休对日本的茶风进行改造后，天目碗逐渐消失，这反而越发让茶人感觉到它的珍贵。室町时代①之后，大约是怀旧吧，日本人开始了对天目碗的崇拜，觉得这是国宝级的器皿，这种崇拜断断续续延续至今。所以，我每每在烧陶的时候，就会感觉到这个很小的器皿中间会反映出整个的宇宙。"

通过镰田先生的描述，我觉得在我们一衣带水的邻邦，天目盏已经成了一个神话。

---

① 室町时代（1336—1573），是日本史中世时代的一个划分，名称源自于幕府设在京都的室町。由南北朝时代足利尊氏1336年建立室町幕府开始，结束于1573年织田信长废除将军足利义昭。两个朝廷对立的南北朝时代一直持续到公元1392年，最后被北朝统一。

日本人是什么时候开始想要试制和仿作天目盏的呢?

"追溯起来的话,大概最早开始在日本的桃山时代[①],桃山时代比较盛行做天目。当时的天目碗是纯黑色的,还没有结晶的表现。"镰田幸二说。

严格来说,日本桃山时代仿制的天目碗是不成功的,甚至不能称其为天目。只是到了镰田幸二这一代,有了科学的仪器和能够调节温度的电窑,能够分析出天目盏陶瓷的成分和生成原理,天目盏才真正开始重现人间。

镰田幸二是连接和续写中日两国天目盏 700 余年历史的重要匠人。

他倾其一生的时间和精力,终于让天目盏重现天日。

他是从天目釉入手开始研究的。

天目釉实际上是在黑釉上头加上一些物质,使黑釉的表面出现油滴、兔毫和一种类似鸟的羽毛纹等图案,这些图案会产生金属反光般的视觉效果,看上去千奇百怪、千变万化。

"天目釉主要的技术难度在什么地方?"我问。

"天目釉表面的这层结晶主要是铁结晶。为了让铁能够析出结晶,就必须加入少量的锰或者钴。我的这个作品,在银色的油滴上有一层蓝光,是因为我想把它做得具有现代感。我使用了含有铁元素的天然原料,和土石混合起来烧制。"

镰田幸二将他的天目釉作品摆放在木案上让我观赏。其中一只

---

① 桃山时代,指 16 世纪中后期。

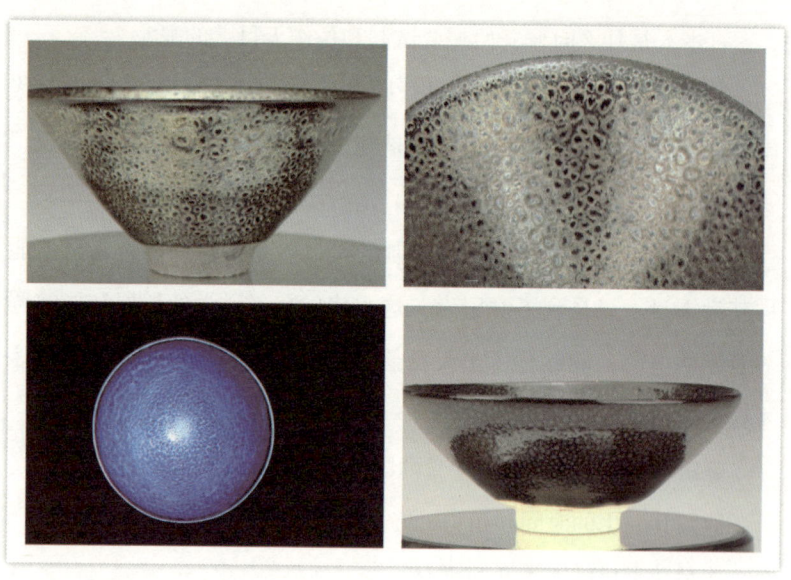

碗发出像黄金一样的光芒，另一只发出银色的光芒，像银器一样好看。还有一只是典型的油滴，如同油珠子散落在水面，让人想到"大珠小珠落玉盘"的诗句。最让人惊叹的是一只闪耀着宝蓝色的天目盏，这种颜色属于镰田先生自己的一种创造。因为中国传统的天目釉里没有这种颜色，而且它曜变的花纹像鸟的羽毛一样排列着。

看完了这几只碗，镰田幸二又把一只30多厘米高的天目罐搬到木案上。中国过去的曜变天目釉里头没有这么大型的罐，它是将天目盏做釉的方法用在了青瓷的器形上头，罐体上还有"出筋"，很好看。

在镰田幸二生活的京都府，匠人们不断地传承与坚守，用专注和手艺对抗机械时代的冰冷。但与此同时，外在的严谨之下，个性的张扬也融入其中。品尝着创新诞生的喜悦，镰田先生不满足于天目盏只用于喝茶，扩大了天目盏的使用范围，成为将天目釉用在食用器皿上的第一个陶艺专家。

镰田幸二说："一提到天目，大家印象里就只想到茶碗，我做了大量的研究，尝试着把天目釉彩用到了餐具和花器上。制作花器时，我参考了中国青瓷和白瓷的造型，这只罐就是我的一种尝试。对我们现代烧制天目的匠人来说，将古代传承下来的茶器演变成各种器皿，随着时代的变化，可以做大的东西也可以做小，我想这是现代人的一种使命吧。"

在镰田幸二讲述的过程中，木案上的天目釉作品随着灯光角度出现各种各样迷幻的色彩，这就是曜变的效果，应该是现代超越古代的地方。

曜变其实是指瓷器上的光芒。

"曜"字的本意是照耀、光芒的意思。《诗经》上说"日出有曜"，日、月、火、水、木、金、土七颗星合称"七曜"，而太阳的光芒中又有赤、橙、黄、绿、青、蓝、紫七种色彩，所以，用"曜"来形容天目盏的窑变，恰如其分。

能够使瓷器产生曜变的原因是原料中金属的含量,这些金属以铁为主,过去中国在烧制天目的时候主要是一些原坯里头含铁成分比较高,不同的金属含量加上其他矿物质之后在高温中产生不同的结晶,也就有了不同的曜变。"我现在使用的就是一些天然的含铁的矿物质或矿土,有时候也加一些化学性的东西进去,使器皿产生不同的曜变和感觉。"镰田幸二说。

"这么多的品种您是分窑烧出来的,还是一窑中间就可以烧制多个品种呢?"

"是分开烧的,大概有三到四种窑,这只宝蓝色碗是单独的一个窑,带油滴的也是单独烧,曜变出金色光泽的和银色光泽的碗刚开始是在一个窑里头烧,然后再二次加工。紫色的也是重新加工和重新烧的。"

"我想请教您,幻彩釉是通过什么手段实现的?"

"中国的油滴天目是我研究的基础,是中国宋朝传下来的样式,我学习研究了一段时间之后,觉得与其模仿传统的油滴花纹,还不如烧制有个人特色的天目烧。创造出与前人不一样的东西,有现代感的东西。我先是成功烧制出了银色的油滴,然后在银色的基础上幻化出了很多其他色彩。至于特别的紫色光泽,是我反复试验的结果,与其说我在釉色上下功夫,不如说我在烧制温度等方面做了大量的研究和尝试。我花费了很多时间,从中发现了一些无法准确表述的新东西,每次发现都有特别惊喜的感觉,这应该就是所谓的'量变引起质变'吧。"

"宝蓝色的釉是通过什么金属材料来实现的呢?"

"在蓝色的底坯上头我又加了一些蓝色的釉色,经过一定的温度烧制后,上面就会发生很多花纹的变化,出现一些奇怪的幻象。对我来说,这些花纹的变化并没有什么化学或科学的数据,它在窑里头变化了。"

认真赏阅镰田幸二的天目釉作品,我从深不可测的蓝色背景中,看到了整个宇宙。你可以把它理解成佛教中用宝珠结成的因陀罗网,一颗颗宝珠的光,互相辉映,一重一重,没有穷尽。宇宙从这里开始爆炸,大爆炸的过程光芒四射,各种星云、各种尘埃,慢慢地凝聚成各种各样的星系、星球。我在想,这其中哪一颗是我们居住的地球呢?

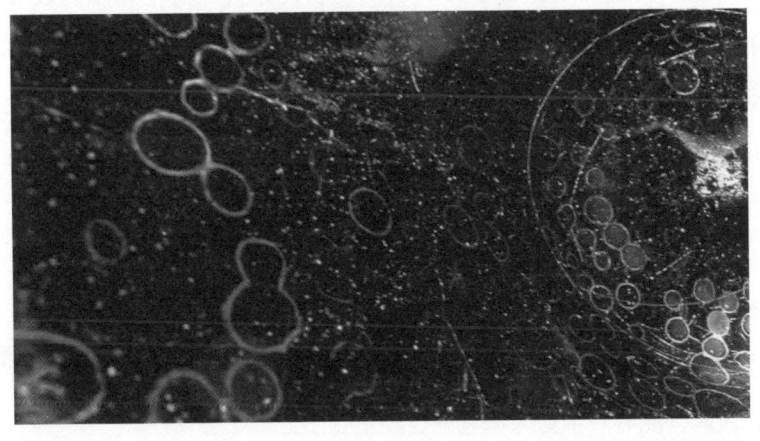

4

为了一探天目盏曜变的秘密,我大胆提出想要一睹镰田先生从未对外开放过的保密工坊的请求。幸运的是,我获得了允许。

镰田先生戴上厚厚的工作手套,脑袋上也缠了一条毛巾,"因为窑里温度很高,所以戴着这个头巾来防止烫伤。不论天气多热,我都得是这样的穿着。"

我们来到一个约一米七高的电窑边,里面砌了一层耐火砖,空间看上去不算太大。

镰田先生说:"这个窑还是很热哦,王先生您可以靠近点看一下。这个窑是前天开始烧的,到昨天晚上,稍微把架子往外挪了一点。"

所谓的架子,就是一个一个的匣钵,每个匣钵里头放四只小盏。

镰田先生并不担心泄露自己的秘密,因为只有把黏土的成形、上釉的方法、烧制的温度和时间等众多要素完美地组合在一起,才能成功烧制出理想的效果。

这次窑里烧的是紫色的茶碗,镰田先生打开了两个匣钵,里面有八只茶碗。我看到,曜变的结果不太理想,没有特别漂亮的。

看来镰田先生对失败已经习以为常,他一点也没有窘迫或失落,而是一一拿起这些碗翻来覆去地看,"这几个碗没烧好,大概只有一半能用。比如这个茶碗,就属于烧得很失败的作品了。每次烧制的天目碗,能有一半让人满意就已经不错了。"

也是，如果每只碗经过炼制，都能曜变成功，光彩夺目，天目盏就不会是人间宝物了。正因为它的成功率低，偶然性大，可遇不可求，才格外珍贵。

镰田幸二自小喜欢绘画，早年就读于京都府立陶工训练学校，毕业时因成绩优秀被留校做指导员，这是他作为制陶艺术家的开端。在举办了多次作品展览后，他于1977年辞去了教职，成为职业匠人。这些年，他在京都、大阪、巴黎、纽约等地多次举办了个展，成为国际公认的最有实力的天目盏匠人之一。

从开始接触一门技艺，到最后能够轻松地驾驭它，少则十年，多则三五十年，而且未必能被世人认可。幸运的是，镰田先生有缘结识了日本著名的陶艺家、被誉为"人间国宝"的清水卯一[①],他为镰田开辟了通往高水平陶艺家的道路。

"镰田先生有没有去过天目盏的故乡,比如福建建阳、江西吉安?有没有跟中国研究天目窑变釉的陶艺家进行学术交流呢?"

"我开始研究天目碗大概在20世纪80年代初,有心想要去访问一下天目碗的故乡,但是因故没能成行,好在之前日本有很多烧陶的专家曾经去当地考察过,我是通过他们提供的资料研究的。我与中国的行家虽然没有交流,但实际上日本的匠人是按照中国的传统来烧制天目碗的。我本人想做自己的东西,有创造力的东西,所以我烧制天目碗所使用的土坯和材料,都是由我自己来配制、定制的。"

镰田先生的天目碗在中国已经很有名气了,有人评价他的作品充满着神秘、能源和微光。中国的玩家中有人专程跑到京都来购买他的天目碗,他靠着自己的作品在中国找到了知音。

镰田先生说:"听说中国喜欢我天目碗的人很多,也有人问我有没有在中国搞讲演或者做交流什么的,说实在的,我还没有做这些活动。我觉得中国的爱好者喜欢我的东西,实际上是对我这么多年创作的一个最好的评价。"

他补充道:"我从不做追赶时间的工作,要在最好的状态下,静心屏气做最好的作品。希望这些用时间和心血堆积起来的美,不断

---

① 清水卯一(1926—2004),日本陶艺家,"天目瓷器"的代表人物,作品被世界各大博物馆收藏并进行多方巡展,1985年4月13日被认定为非物质文化遗产"铁釉陶器"的保持者(即人间国宝),1986年被授予紫绶勋章。

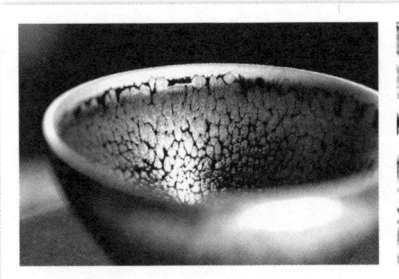 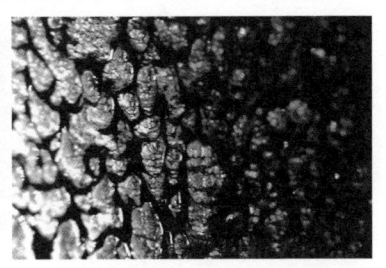

地传递下去。我的作品最好不要放到玻璃橱窗里去展览,而是希望有人去使用,去把玩,这才是最令人欣慰的。"

这位从容而自信的日本老人,让源自于中国的美,在日本璀璨绽放,让每一个经过这里的人,都能跨越700年的时空,感受古老艺术的纯粹与魅力,也吸引着越来越多的人,去思考匠人把握历史与现实的能力与直觉——生命的追问虽然单调枯燥,但它的果实却如此美丽。

图书在版编目（CIP）数据

匠人本色 / 王鲁湘著. —济南：山东画报出版社，2018.6
ISBN 978-7-5474-2739-2

Ⅰ.①匠… Ⅱ.①王… Ⅲ.①手工艺－民间艺人－介绍－日本 Ⅳ.①K833.135.72

中国版本图书馆CIP数据核字（2018）第070122号

责任编辑	许　诺
版式设计	张立波
主管部门	山东出版传媒股份有限公司
出版发行	山东画报出版社
社　　址	济南市经九路胜利大街39号　邮编 250001
电　　话	总编室（0531）82098470
	市场部（0531）82098479　82098476（传真）
网　　址	http://www.hbcbs.com.cn
电子信箱	hbcb@sdpress.com.cn
印　　刷	济南新先锋彩印有限公司
规　　格	150毫米×210毫米
	16印张　405幅图　135千字
版　　次	2018年6月第1版
印　　次	2018年6月第1次印刷
定　　价	46.00元

建议图书分类：社科　文化